물망초

발 행 | 2024년 02월 15일
저 자 | 김성희
펴낸이 | 한건희
펴낸곳 | 주식회사 부크크
출판사등록 | 2014.07.15.(제2014-16호)
주 소 | 서울특별시 금천구 가산디지털1로 119 SK트윈타워 A동 305호
전 화 | 1670-8316
이메일 | info@bookk.co.kr

ISBN | 979-11-410-7198-1

www.bookk.co.kr

물
망
초

김성희 지음

목차

머리말

이 책은 '망애증후군' 이라는
한 증후군에 관한 내용을 담은 소설입니다.

다소 부족한 글이 될 수도 있지만,
그럼에도 불구하고
이 책을 펼쳐주실 사람들에게

나의 작은 소설을 건넵니다.

망애증후군(忘愛症候群)

무언가를 계기로 가장 사랑하는 이를 잊어버리는 병.

이 병의 특징은 사랑했던 상대를 거절해 버리는 것.

몇 번이고 기억을 떠올린다 해도 시간이 지나면 잊어버린다.

치료하는 방법은 단 하나,

??? 뿐이다.

모르는 남자

1

"글쎄 난 당신이 누군지 모른다니까요?"
만일, 누군가가 허구한 날 길가에 서서 무슨 말다툼을 하고 있
는 거냐고 묻는다면 난 대답을 해줄 수 없을 것 같다.

가끔씩 길을 걷다 보면 조용한 나의 세상에 불쑥 들어와서는
말을 걸며 앞길을 막는 사람들이 있다. '도를 아십니까' 라든지,
전단지를 나눠주는 사람들이라든지, 겁 없는 비둘기라든지. 근
데 오늘은 왜 비둘기나 전단지 같은 것들이 아닌 모르는 사람이
내 앞길을 막고 있는 것인가.

분명 평범한 6월의 오후였다. 하늘은 파랗고 그 하늘 위로 하
얀 구름이 떠다니며 사람들이 바쁘게 길을 거니는 그런 평범한
오후. 평소라면 카페에 가서 시원한 에이드 한 잔을 마시고, 책
을 읽거나 사람들을 구경하고 있을 시간인데 난 왜 카페를 가지

못하고 이 남자에게 붙잡혀 있는 건지 도무지 이유를 알 수가 없다.

 카페에 가고 있는 나의 앞을 가로막고선 "나 누군지 기억나? 누군지 모르겠어?"라는 말과 함께 나를 자꾸만 붙잡는, 꼭 전 남자친구처럼 애걸복걸하는 이 남자 때문에 나의 평화로운 오전 시간이 사라져버렸다.

이렇게 끈질긴 사람을 마주쳤을 때 보통의 사람들이라면 속는 셈 치고 잠깐 기억해보려는 시늉이라도 하며 눈을 아무렇게나 굴려댔겠지만, 난 그런 시늉조차 하지 않았다. 뭐, 애초에 할 생각조차 없기도 했지만.

어차피 내 기억 속에도 없는, 내 앞에 이 사람을 당사자가 하는 말만 믿고 떠올리려 노력한다는 게 말도 안 될뿐더러 사실 생각하는 시간조차 너무 귀찮고 아까웠다.

"정말 영원히 기억을 못 하는 건가…"

남자는 이 와중에도 아랑곳하지 않고 나의 앞에 서서 고개를 갸우뚱거렸다. 잠시 저 갸우뚱거리는 머리의 주인이 빨리 사라졌으면 좋겠다는 생각도 들었다.

"우리 같이 한강에서 자전거도 타고, 여름마다 같이 아이스크림 먹으면서 공원 산책도….."

"전 그런 기억이 없다고 몇 번 말해요!"

순간적으로 짜증이 났다. 도대체 누구길래 자꾸 횡설수설 떠들어대며 자길 모르냐고 물어보는지 도무지 알 수가 없었다.

이 정도면 정말 나도 모르는 사이에 생겨버린 전 남자친구는 아닐까? 어쩜 이렇게 거머리처럼 끈질기게 달라붙는 거지?

찌푸려지던 나의 표정은 어느새 귀찮음을 지나 경이롭다는 표정으로 변해가고 있었다.

"잘 생각해봐... 정말 모르겠어?"

귀찮고 시끄러워. 짜증 나.

"아무래도 사람 착각하신 거 같은데, 전 그쪽 모릅니다."

몇 분 동안 나를 막으며 실랑이하던 그 남자에게 사람을 착각한 거 같다며 단호하게 말한 뒤 돌아섰고, 가려 했던 카페를 그냥 지나쳐버렸다. 뒤를 돌아보고 싶지도 않았다. 혹시 누가 알겠는가, 뒤를 돌아봤다가 그 남자가 나를 따라오고 있는 것을 목격할지. 물론 그렇다고 해서 그 남자가 나를 따라온 것은 아니지만 말이다. 아무튼 그렇게 나는 집으로 발걸음을 옮겼다. 더 이상 카페에 갈 기분이 아니었다.

"으으... 대체 뭐야 그 남자?"

집에 도착해 방금 있었던 일을 다시 되새겨보니 온몸에 소름이 끼치는 기분이 드는 동시에 닭살이 돋았고 몸을 부르르 떨며 홀로 중얼거리다 그대로 방 안 침대에 누웠다.

사실 아까 본 그 남자, 무엇인가 낯이 익었다. 분명 그날 나를 병원에 데려갔던 그 남자다.

'그날'이라고 한다면 며칠 전으로 거슬러 올라가야 한다.

머릿속에서 뚜렷하게 기억이 나지는 않지만, 나는 며칠 전 이유도 모른 채 병원에서 눈을 떴다. 그때 병원에서 나를 간호해줬던 게 아까 본 그 남자 같았는데... 사실 이게 정확한 기억인 건지는 잘 모르겠다. 마치 세상이 까맣게 물들기라도 한 것처럼 아무것도 떠오르지 않았다. 그날 무슨 일이 있었더라?

병원에서 깨어나 눈을 떠보니 나를 간호하다 옆에서 잠이 든 여동생 서윤이가 보였고, 서윤이에게 상황을 물으니 내가 집에서 혼자 쓰러져 있는 걸 자신이 발견해서 병원에 입원한 것이라고 상황설명을 해주었다.

그 후 얼마 지나지 않아 퇴원을 해도 된다는 이야기를 듣고 퇴원을 하게 되었다. 퇴원을 하고 꽤나 시간이 지났을까 길을 거니던 나는 저 멀리에서 서윤이와 함께 걸어오는 어떤 남자를 발견하였다. 나를 마주한 서윤이 옆에 그 남자는 나를 걱정 섞인 눈빛으로 쳐다보더니 조금은 억지로 웃으며 "서연아!" 하고 손을 힘차게 흔들었다. 내가 낯을 가리고 인사를 받아주지 않자, 남자는 당황한 표정으로 한참을 쳐다만 보다가 병원에 같이 한번 가보자고 서윤이와 함께 나를 설득했다.

지금 생각해보면 도대체 무슨 생각으로 그 설득에 넘어간 건지, 나 자신이 참으로 바보 같았다. 무튼 그렇게 그 남자와 병원에 간 후 기억이 없다. 그대로 서윤이와 함께 집으로 갔던가?

나의 기억은 여기까지가 끝이었다. 어쩌다 쓰러진 것인지, 그 남자는 누군지, 난 무슨 검진을 받아서 무슨 결과가 나왔는지, 병원에서 퇴원을 한 뒤 시간을 어떻게 보냈었는지 아무것도 알 수 없었다. 기억이 희미하다. 분명 그 남자는 무언가를 알고 있을 텐데, 설명조차 해주지 않은 채 사라졌다가 갑자기 나타나서 자신을 기억하냐는 그런 이상한 말들만 내뱉으니... 정말 그 남자 생각할수록 이상한 남자다.

침대에 누워서 한참 머리를 굴리다 보니, 잠시나마 긴장을 했던 탓인지 몸에 긴장이 풀리는 기분이 들며 몸이 노곤노곤 해진다. 방안 온기에 몸을 맡기다가 따뜻한 방 안 공기에 서서히 눈이 감겨 나는 그대로 잠에 들 듯 눈을 감았다. 힘이 풀리는 그 감촉에 몸을 전부 맡겼다.

 그렇게 눈을 감으니 마치 주마등처럼 머릿속에서 무언가가 빠르게 스쳐 지나갔다.
머리가 어깨까지 내려오는 갈색 머리에 여자와, 검은 머리에 남자가 오순도순 영화를 보는 장면을 시작으로, 함께 도서관에 가는 장면, 불꽃놀이를 구경하는 뒷모습, 남자의 핸드폰 화면 너머로 보이는 파란 꽃을 들고 서 있는 여자의 얼굴이….
 '나잖아..?'

'헉' 소리를 내며 그대로 눈을 떴다. 뭐지? 꿈을 꾼 건가? 뒷모습만 보였던 그 남자는 누구지? 분명 처음 보는 남자였는데...

그 장면들은 모두 뭐였지?

복잡한 꿈 때문일까, 긴장이 모두 풀려서일까. 이유는 알 수 없지만 왜인지 속이 매스꺼워지는 느낌이 드는 것만 같다. 가슴 속 울렁이는 무언가가 자꾸만 내 속을 뜨겁게 만들었다. 조금씩 머리가 아파온다. 양손으로 머리를 움켜쥔 채 고개를 땅으로 떨구며 눈을 감았다. 이 두통이 끝나기를 바라며.

'내가 어떻게 나한테 그래?'
'전부 오해라고 내 말 못 믿어?'
'너 같으면 그 말을 믿을 수 있을 것 같아?'

눈을 감고 있으니 환청 같은 것들이 귀를 파고들었다. 또 시작됐다. 지겹도록 들려오는 그 언성 높은 목소리들이 또다시 머릿속에 맴돈다. 컨디션이 안 좋거나 심한 두통이 올 때마다 매번 환청처럼 남녀의 싸움 소리가 들려온다. 뭐 차라리 환청만 들렸다면 어찌저찌 버텼을지도 모른다. 문제는 있지도 않은 방 바닥에 떨어진 수많은 약들의 모습이 눈앞에 자꾸 아른거린다는 것이다.

대체 뭘까 이 기억들... 뭐길래 자꾸만 나를 갉아 먹을까. 숨이 턱턱 막히는 기분이 든다. 가슴팍을 주먹으로 치며 숨을 겨우 들이켜고 내뱉고를 반복하니 조금은 잠잠해지는 것 같다.

매일을 이 고통 속에서 사는 것은 이제 익숙해질 법도 했지만, 도저히 익숙해질 기미가 보이지 않았다. 몇 주 전부터 들려오는 이 환청은 항상 같은 목소리였다. 내 방에 사람이 아닌 존재 두 마리, 아니 두 명일까나. 뭐 어떤 존재든 간에 매일같이 무언가가 내 방에서 싸우고 있기라도 한 건 아닌지 의심이 될 지경이다.

이런 생각을 하다 보니 어느새 두통이 조금 사라진 것 같다. 아까 그 남자로 인해 몸이 너무 피곤해서 그런 것일지도 모르니 일단 화장실에 들어가 세수를 하고 나오는 것이 좋을 것 같다.

화장실에 들어가 수도꼭지를 틀자 시원한 물줄기가 쏟아져 나왔다. 살짝 물 온도를 확인한 뒤 적당히 차가운 물을 양손에 담아 얼굴을 씻어냈다. 차가운 물이 피부에 닿을 때마다 잠이 깨는 기분이 든다.

'똑똑'

세수를 마치고 수건으로 얼굴을 닦고 있으니 누군가 문을 두드리는 듯한 소리가 들렸다. 하지만, 지금 집에 올 사람은 아무도 없기에 조금은 경직된 모습으로 아무 말도 하지 않고 그저 현관문만 바라보았다.

'똑똑똑'

내가 아무런 대답이 없자 문밖에선 또다시 노크 소리가 들려왔다. 나는 조심스레 현관문 앞으로 다가가 말했다.

"누구...세요?"

누구냐는 조심스런 나의 물음에 돌아온 것은 무언가 익숙한 목소리의 대답이었다.

"서연아, 나야."

2

나에게는 오래된 여자친구가 있다.

아, 여자친구라고 정의를 하는 게 맞을지는 잘 모르겠다.

산책 겸 밖을 나섰던 오늘 오전, 길을 거닐다가 홀로 걷고 있는 여자친구를 발견하고, 곧장 다가가 나를 기억하고 있는지 물었을 뿐인데 역시나 그녀는 나를 잊어버린 건지 경계 가득한 모습으로 나를 쳐다보았다. 이 시간이라면 분명 카페에 가려 했을 텐데. 나에게 사람을 착각했으니 그만하라며 차가운 말을 내뱉고는 그대로 돌아서 버렸다.

하지만 나는 상처 받지 않았다. 그저 뒤도 돌아보지 않고 가버리는 내 여자친구를 멍하니 바라볼 뿐이었다. 이 상황을 처음 듣는다면 다들 조금은 의아할지도 모른다. 이해한다. 내가 다른 사람이었어도 그 말을 여러 차례 되새기며 이게 무슨 말인지 이해하려 했을 것이다.

여자친구가 나를 외면하고 경멸하는 것에 대해 지금은 아무렇지도 않지만, 사실 처음부터 아무렇지도 않았던 것은 아니다. 아마 몇 주 전 병원에서 '그 이야기'를 듣지 않았더라면, 나는 지금쯤 그녀와 이별했을지도 모른다.

잠시 그때의 이야기를 해 보려 한다.
그녀가 자신의 세상 속에서 나를 지워낸 이야기를.

몇 주 전, 여느 때와 다름없이 집에서 게임을 하며 휴식을 취하던 저녁, 서연이의 번호로 전화가 왔다.
"여보세요? 이제 내 얘기를 들어 줄 준비가…."
"오빠!"
전화를 받자 다급한 목소리가 들려왔다. 그것은 서연이의 목소리가 아니었다.
"…서윤이야?"
"목소리만 들어도 나잖아요!"
전화기 너머 들려오는 목소리의 주인은 서연이의 동생이었다.
"언니가… 언니가…"
서윤이는 불안이 가득한 목소리로 똑같은 문장만을 반복했고 나는 잔뜩 긴장한 채 차분히 되물었다.
"서연이한테 무슨 일 있어?"
"언니가… 쓰러졌어요…"
"뭐..?"
서연이에게 아무 일도 없기를 간절히 기도했지만, 나에게 돌아온 대답은 꽤나 충격적인 대답이었다.

정신을 차릴 새도 없이 금방 가겠다며 전화를 끊었고 서둘러 나갈 준비를 한 뒤 택시를 타 급히 병원으로 향했다. 병원에 가니 환자복을 입고 누워있는 서연이와 그 옆에서 울고 있는 서윤이의 모습이 보였다.

"무슨 일이야? 서연이 왜 쓰러진 거야?"

"나도 몰라요... 그냥 오랜만에 반찬 좀 가져다주러 집으로 갔을 뿐인데 언니가 쓰러져 있었어요..."

나는 숨을 골라 쉬며 서윤이에게 자초지종을 물었지만 내가 원하는 대답을 들을 수 없었다. 서연이가 쓰러진 이유를 서연이의 가족들조차 알지 못하는 듯했다.

그렇게 며칠이 지났을까, 집에서 평범한 하루를 보내다 병실에서 여자친구인 서연이가 깨어났다는 연락을 받고 나는 곧장 병원으로 달려갔다.

"서연아!"

"...누구세요?"

하지만, 나의 부름에도 서연이는 나를 알아보지 못했다. 눈을 마주 보며 그저 당황스러운 표정으로 내가 누구인지 되물었다.

"나잖아 김민혁! 못 알아보겠어? 자기 남자친구!"

"아, 민혁이구나... 미안 얼굴을 까먹어 버렸나 봐."

민망한 듯 살며시 웃는 서연이의 모습을 보며 서연이가 나의 얼굴을 기억하지 못 하는 것에 대한 의문 따위 품지 못하고, 바보같이 안도의 한숨을 쉬었다. 이때 까지만 해도 서연이가 나의 존재를 전부 잊은 상태는 아니었다.

서연이는 그날 쓰러진 이후로 나의 얼굴을 잘 기억하지 못했다. 가끔은 내 이름을 듣기 전까지 나를 알아보지 못해 나와 거리를 두려 하기도 했다.

"누구신지는 모르겠는데, 제가 남자친구가 있어서요."

"남자친구 이름. 김민혁이죠?"

"당신이 그걸 어떻게…"

"나잖아 민혁이. 기억 안 나?"

"아, 민혁이구나. 미안…"

그나마 다행인 건 나라는 존재를 완전히 잊지는 않았다는 것이다. 만일 나를 완전히 잊었다면…. 상상도 하고 싶지 않다.

"민혁아."

"왜?"

"이러다가 너를 완전히 잊어버리는 건 아닐까? 완전히 잊어버리게 되면… 그땐 정말 어떡하지?"

"…서연아."

"응?"

"네가 나를 완전히 잊어도, 내가 다시 기억하게 해줄게."

"이상해… 어째서 너만 기억하지 못 하는 거냐고."

"아니야, 괜찮을 거야. 너무 걱정하지마. 응?"

"응… 나 혼자가 되고 싶지 않단 말이야…"

"걱정 마, 분명 모든 걸 잊어도 언젠가는 나를 기억할 거야."

　하지만 야속하게도 점점 날이 지날수록 서연이는 나의 얼굴, 목소리, 우리의 추억, 결국 나의 존재까지. 나와 관련된 기억들을 천천히 자신의 기억 속에서 전부 지워냈다.

　갑작스럽게 변해버린 서연이의 모습이 너무 당황스러웠지만, 기억을 잃지 않게 도와주기로 약속했으니까. 매일 서연이에게 찾아가 말을 걸었다. 나의 이름을 말해보고, 우리의 과거를 회상하고, 우리의 관계에 대해 설명해 보았다. 이렇게 한다면 언젠가 나를 기억할 수 있을 것이라고 생각했다. 하지만 전혀 소용이 없었다. 서연이는 나를 기억하지 못했다.

　결국, 나를 경계하는 서연이를 서윤이의 도움으로 잘 달래서 이 증상의 원인을 찾으러 함께 병원으로 향했다.

　"아무래도 여자친구분은... '망애증후군'에 걸린 것 같습니다."

　"망애... 증후군이요?"

　"무언가를 계기로 사랑했던 사람을 잊는 병입니다. 자신이 사랑했던 사람을 자꾸만 거절하고, 잊지 않으려 몇 번이고 기억을 떠올려도 아마 얼마 지나지 않아 다시 잊어버릴 거요."

　병원에 가 검사를 받고 진료실에 들어가 결과를 듣게 되었다. 안경을 치켜올리며 태연한 듯 말하는 의사 선생님이었지만 그 이야기를 듣는 나는 생전 처음 들어보는 증후군의 이름과, 알 수 없는 이야기들 때문에 혼란스러워 정신을 차릴 수 없었다.

"저기, 그거 기억 상실증... 뭐 그런 거 같은 거죠?"

조심스레 묻는 나의 물음에 또다시 태연한 대답이 돌아왔다.

"어쩌면 비슷하다고 생각이 들 수는 있지만... 어련히 다른 증후군이에요. 일부분의 기억만 잃게 되는 기억 상실증과 달리 망애증후군은 '사랑하는 사람과 관련된 기억' 그것만 모조리 잊어버리는 증후군이고, 기억 상실증처럼 고칠 수 있는 병이 아니죠."

"아..."

고칠 수 없고 나에 대해 모조리 잊어버리는 병을 가지게 된 서연이. 나에 대한 기억을 모조리 지워버린 서연이와 앞으로 어떻게 해야 할지 앞길이 막막해 고개를 숙인 채 한숨을 내뱉으니

"아무래도 큰 충격으로 뇌에 손상이 갔던 것 같은데 혹시 여자친구가 왜 쓰러졌는지 알고 계셔요?"

라는 질문이 돌아왔다. 하지만 난 그 질문에 어떠한 대답도 할 수 없었다. 서연이가 병원에 실려 가기 전에 쓰러졌던 이유를 나는 알 수 없었다.

"아니면 여자친구랑 뭐 최근에 크게 싸웠다든지….."

"최근에….."

싸운 적이라면 서연이가 쓰러지기 며칠 전 크게 다툰 적이 있다. 그 다툼 이후 서연이는 나와 말 한마디 섞지 않았다. 내가 입을 열면, 서연이는 나의 말을 들으려는 시늉조차 하지 않았다. 혹시 그 싸움이 큰 원인이었을까?

잠시 그날에 대해 회상하고 있으니 말이 없는 내가 답답하셨는지 의사 선생님은 다시 입을 열었다.

"싸우고 나서 심한 충격을 받았거나 잊혀지지 않을 정도로 험악한 기억으로 남게 되었다면 기절과 동시에 망애증후군이 생겼을 수도 있으니까 잘 생각해보셔요."

"저기, 그럼 서연이가 증후군이 생긴 정확한 이유는 아직 잘 모르는 거죠?"

"아직까지 파악이 안 됐을뿐더러 희귀한 병이라 아직 연구 중에 있는 증후군이에요. 아직 낫는 방법조차도 알려지지 않아서 자세히 말해주기는 힘들 것 같네요."

의사 선생님의 말을 끝으로 더 이상 아무 말도 들리지 않았다. 그대로 진료실을 나와서 대기실에 앉아 여전히 나를 경계하듯 처다보는 서연이에게 인사조차 하지 못하고 그대로 집으로 향해버렸다. 서연이를 마주할 자신이 없었다.

'망애증후군' 서연이에게 갑작스레 생긴 증후군이었다. 이제 어떻게 해야 할까. 나에 대한 기억, 그 하나만 온전히 자신의 세상 속에서 지워버린 서연이의 옆에 내가 있어도 괜찮은 걸까?

검사 결과를 들은 그날, 나는 이런저런 걱정에 시달려 새벽까지 잠자리에 들지 못했다. 아무리 물음표를 던져도 돌아오지 않는 대답에 눈을 감았고, 눈을 감자 자그마치 서연이가 떠올랐다. 증후군이 생기기 전 그녀와의 추억들이.

서연이를 처음 만났던 건 대학교 첫 동아리 때였다. 일찍 동아리실에 도착한 나는 당연히 내가 가장 먼저 도착했을 거라 생각해 동아리실 문을 벌컥 열고 들어갔다. 동아리실 문이 열리자 보였던 건 창문 옆 하얀 소파에 앉아 책을 읽고 있는, 어깨까지 내려오는 길이에 찰랑거리는 갈색 머리를 가진 여자아이.

"어? 안녕하세요!"

그녀는 나에게 해맑게 인사하였다. 책을 읽느라 신경 쓰지 못한 머리를 귀 뒤로 넘기며 웃는 그 모습이 아직도 어제처럼 머릿속에 생생하게 남아있다. 살며시 머리를 넘기자 머리카락에 가려져 잘 보이지 않았던 파란 꽃 모양에 작은 핀이 눈에 들어왔다.

"핀... 이쁘네요."

무슨 생각으로 뱉은 말인지는 잘 모르겠다. 머릿속을 거치지 않고 멋대로 말이 튀어나왔다.

"아 감사해요- 선물 받은 핀이에요."

그녀는 당황하지 않고 자연스레 내 말을 받아쳤다.

"그나저나 되게 일찍 오셨네요?"

낯을 가리지 않고 주절주절 나에게 말을 거는 모습이 꽤나 어린애 같았다고나 할까. 처음 봤는데도 불구하고 말을 걸어주는 그녀가 나에게는 호감으로 다가왔다.

"아 그냥 동아리 첫날이니까 선배들보다 일찍 오는 게 예의일 것 같아서..."

"엇, 통했다!"

해맑게 웃으며 쳐다보는 그녀의 모습에 나도 자연스레 입가에 웃음이 번졌다.

"그나저나 그쪽 나랑 동갑인 거 같은데. 말 놓아요 우리!"

"뭐, 그럴까? ...요?"

그녀가 말을 놓자고 했지만 어쩐지 말을 놓기가 어려웠다.

"어허! 이렇게 말 힘들게 놓으면 곤란하다?"

"아, 알았어... 말 놓을게 됐지?"

"바라던 바야. 너 이름이 뭐야?"

"김민혁이야. 너는?"

"나는 이서연이야."

그렇게 우리는 통성명을 했고, 서연이는 다시 해맑게 웃으며 나에게 대뜸 주먹을 내밀고는 말했다.

"자 그럼, 잘 지내보자 민혁아!"

그 주먹을 빤히 쳐다만 보고 있으니 서연이는 자신의 주먹을 반대 손 검지로 톡톡 치며 나를 다시 쳐다보았다. 나의 주먹을 서연이의 주먹에 살짝 퉁 하고 부딪히자 서연이는 한 번 더 해맑게 웃었다. 서연이의 해맑은 웃음을 보는 순간 세상이 밝게 물들어지는 기분이 들었다.

그날 여름, 동아리실에서 함께 지었던 웃음과 함께 나눈 대화. 그것이 우리의 첫 만남이었다.

3

"누구… 악!"

문을 열자 아까 길에서 봤던 남자가 서 있었고, 나는 순간적으로 소리를 지르며 그 남자를 밀어버렸다.

"우리 집은 또 어떻게 알고 온 거야? 설마 스토커 짓까지…."

"아니 아니 들어봐 서연아! 그게 아니고…!"

내가 세게 밀어버린 탓에 넘어졌던 남자는 다시 일어나 옷을 털며 입을 열었고, 그의 입에서는 알려준 적도 없는 나의 이름이 새어 나왔다.

"생각해보니까 내 이름은 또 어떻게 알았대? 너 뭐야 대체!"

이 남자의 모습을 볼 때마다, 이 남자의 목소리를 들을 때마다 이유 모를 불쾌함이 머리 꼭대기까지 차올랐다.

말해 준 적도 없는 집 주소와 이름을 알고 있어서가 아니다. 다짜고짜 말을 걸며 자신을 모르냐고 물어봐서가 아니다. 그냥 처음 마주쳤을 때부터 '역겹다' 라는 감정이 먼저 앞섰다.

"들어줘 서연아..."

"난 당신 같은 사람한테 들을 말이 없어서 말이야. 어서 나가."

"그래도 한 번만…."

"한 번 더 찾아오면 그땐 경찰에 신고할 거야."

나의 단호한 목소리에 잠깐 정적이 흐르고, 이제야 좀 포기하나 싶었지만, 그는 다시 입을 열었다.

"...서연아, 아직도 기억 안 나? 너 며칠 전에 쓰러져서 입원했었잖아."

"당신이 그걸 어떻게…."

끈질기게 말하는 그의 모습에 상대하지 말고 그냥 문을 닫아버릴까 생각하던 그때.

'언니! 언니 정신 좀 차려봐!'

'저, 저기, 제 여자친구 괜찮은 거죠..? 예?'

'이게 뭐지..?'

처음 들어보는 목소리가 귀에 울려 퍼졌다.

"아직도 모르겠어..?"

"...일단 이야기해봐. 당신 도대체 뭔데?"

우선 들어보기로 했다. 그 남자가 무슨 말을 할지 지금 귀에 울려 퍼지고 있는 목소리와 관련 있는 이야기일지 알고 싶었다.

그리고 그에게 들은 이야기는 아직까지도 잘 이해가 가지 않는 이야기투성이였다.

"그러니까 내가 그쪽이랑 연인 사이였고, 어느 날 쓰러진 나를 당신이 병간호해 줬고, 그 후 며칠 뒤 깨어난 내가 증후군이 생겨서 당신을 기억 못 한다... 이 말인 거지?"

그는 말없이 간절한듯한 표정으로 나를 보며 고개를 끄덕거렸다. 도무지 상황이 이해가 가지 않는다. 기억 상실증도 아니고 이 남자의 기억만 잊는다니, 이게 말이 되는 건가?

"그래서, 그쪽은 날 왜 찾아온 건데? 내가 다시 만나주기를 원하는 거야?"

"그냥... 연인이었으니까 날 기억해주길 바라는 마음이지."

"혹시 알아? 그쪽이 거짓말하는 건지?"

"내가 거짓말을 잘하는 사람으로 보이나?"

얼굴에 모든 표정이 쓰여져 있는 것만 같은 사람이 그런 이야기를 하니 바로 납득이 가버렸다.

"모든 것이 다 기억나는 거야?"

"당연하지, 초등학교 동창부터 고등학교 동창까지 친구들 이름이나 특징 하나하나 다 기억나는걸."

"정말 나 하나만 잊은 거구나..."

"내 기억 속 삶은 당신이 없는 세상이나 마찬가지일 테니까."

"그거 되게 마음 아프고 잘 알고 있는 사실이니까 재차 확인시켜주지는 말아줄래?"

"그걸 다 알고 있는 양반이 초면에 설명도 없이 갑자기 찾아와서는 그렇게나 들이대다니, 유감."

내가 그 말을 뱉고 그 남자와 나는 동시에 풋 하고 작은 웃음을 터트렸다.

"뭐 아무튼 결론적으로 당신은 내가 당신에 대한 기억을 찾게 옆에서 도와줄 거라는 거지? 기억이 돌아오지 않으면 어떻게 할 생각인데?"

"그건 나중의 일이지."

"무책임해."

그 무책임한 남자는 내가 잊어버린 자신에 대한 기억을 되찾아주겠다 하였고, 우선 다음에 이야기하자며 이름과 전화번호를 알려준 뒤 자신의 집으로 향했다.

그 남자가 가고 방금까지 있었던 일을 머릿속에서 정리하는데 시간이 조금 걸렸다. 어느새 밖에선 '솨아―' 하는 소리가 울려 퍼졌다. 오늘 비 소식이 있었나... 꽤나 많은 비가 쏟아지는 건지 빗소리가 귀를 찢듯 큰 소리로 울려 퍼졌다.

"김.. 민혁이라고 했던가?"

기억이 나지 않는 이름이다. 처음 들어보는 이름이었다.

책상 앞 의자에 앉아서 작은 꽃병 속 파란 꽃만 멍하니 바라보다가 휴대전화를 들었다. 혹시나 하는 마음에 알려 준 번호를 찾아보니 정말로 '민혀기' 라는 이름으로 저장된 전화번호가 있었다. 난 그 번호로 나눈 문자들을 천천히 읽어보기로 했다.

202X.04.○○

나: 혁아! 오늘 2시에 만나기로 한 거 안 잊었지?

민혀기: 당연히 안 잊었지! 같이 공원 가서 자전거 타기로 했는데 설마 내가 그걸 잊었겠어?

그가 오늘 낮에 나에게 다가와서 자전거를 탔던 기억을 언급

하던 것이 어렴풋이 생각이 났다. 문자의 내용을 읽어보니
자전거 데이트, 불꽃놀이, 영화관 데이트... 내 꿈속에 나왔던
데이트가 김민혁이라는 사람과 나눈 문자 속에 고스란히 남아
있었다.

'읍—'

어라? 왜 이러는 거지? 문자를 읽으며 낮에 꾸었던 꿈을 머릿
속에서 되새기자 갑자기 헛구역질이 올라왔다. 속 안에 울렁거
리는 무언가를 뱉어내고 싶었다. 그 사람의 얼굴을 떠올릴 때마
다 불쾌함과 가까운 이상한 감정들이 온몸에 쌓이는 듯한 기분
이 들었다. 왜 이러는 거야.
"연인이라며, 연인이었다며... 근데 왜 이렇게…."

"역겨운 거야..?"

4

서연이에게 모든 상황을 설명해주고 홀로 집으로 발걸음을 옮기다 보니 조금은 마음이 편안해지는 기분이 들었다.

'이제 서연이도 더 이상 나를 밀어내지 않겠지?'

가벼운 마음으로 집에 가던 그때 '똑' 하고 빗방울이 하나 떨어지다 많은 양의 비가 머리 위로 쏟아졌다. 우산이 없었던 나는 급히 옆에 보이는 건물로 들어가 비를 피했다.

우산도 없고 주변에 편의점도 없는 마당에 어떻게 해야 하나 하고 떨어지는 빗방울만 빤히 쳐다보던 그 순간,

'지잉-'

휴대전화에 진동이 울렸다. 서연이였다.

"여보세요."

"…"

"여보세요?"

"…"

"서연아?"

전화를 받았지만, 서연이는 아무 말도 하지 않았다. 잘못 누른 건 아닐까 싶어 전화를 끊으려 휴대전화를 귀와 멀리하는 순간.

"하아… 하…"

휴대전화 너머로 가파른 숨소리가 들렸다.

"서연아? 너 괜찮은 거야?"

나의 다급한 물음에 전화기 너머에선 숨을 고르는 소리가 몇 차례 들리다 서연이의 목소리가 들려왔다.

"당신... 당신 뭐야?"

"응?"

"연인이었다며... 사귀는 사이였다며..."

"설마 아직도 내 말을 못 믿는 거야? 서연아 너 정말⋯."

"도대체 나한테 무슨 짓을 했던 거야..."

"그게 무슨 말이야 서연아. 진정하고 말해봐."

알 수 없는 말만 쏘아붙이듯 말하는 서연이의 목소리에 당황할 수밖에 없었다. 자신에게 무슨 짓을 했냐니. 이번엔 또 무슨 오해를 한 거야.

"도대체 나한테 뭘 했길래... 당신의 기억이 떠오를 때마다 기분이 불쾌한 거야..."

"...뭐?"

이건 처음 들어보는 이야기였다. 기분이 불쾌하다니 어째서?

"당신이랑 함께했던 추억을 떠올릴 때마다 속이 울렁거리고 머리가 아파. 역겨워 죽겠다고!"

그 말을 듣는 순간, 나는 그대로 전화를 끊고 집과 반대 방향으로 달렸다. 옷과 머리가 비 때문에 차갑게 젖어도 다리를 멈출 수 없었다. 지금 서연이의 집으로 가야 했다.

망애증후군, 서연이가 걸린 증후군이자 특징으로는

'사랑하는, 사랑했던 사람을 거절하는 병.' 서연이는 지금 나를 거절하고 있다. 몸이 무의식적으로 나를 거절하려 하고 있다. 잠시 잊고 있었다. 서연이에게 나는 그저 지나가는 낯선 남자일 뿐이라는 걸. 그것도 모르고... 무턱대고 들이대기만 했다. 서연이의 입장에서는 얼마나 싫었을지 상상조차 가지 않는다.

"서연아!"

닫혀있지 않은 서연이 집 문을 열고 들어가자 집 안은 난장판이 된 상태였다. 비가 와 하늘이 어두워져 잘 보이지 않았던 서연이의 집 내부는, 큰 소리의 천둥과 번쩍 피어오른 번개로 인해서 환하게 비춰졌다. 작은 꽃병이 깨져 꽃병에 들어있던 물 위로 파란 꽃이 떨어져 있었고, 집에 있는 물건을 던지기라도 한 건지 거실 바닥은 발을 디딜 공간을 찾기가 어려웠다.

"우욱-"

집 안을 멍하니 쳐다만 보고 있었을까. 화장실에서 서연이의 구역질 소리가 들려왔고 곧장 화장실로 달려가 서연이의 등을 두들겨주었다.

귀가 찢어질 듯 들리던 빗소리는 조금 잠잠해진 건지 작은 소리로 귓가에 울려 퍼졌다.

속을 전부 게워낸 건지 비틀거리며 거실 바닥으로 가서는 그대로 주저앉는 서연이. 나는 그런 서연이의 옆에 앉았다.

"어서 말해... 당신, 정말 나랑 연인이었어?"

숨을 고른지 얼마나 됐다고 서연이는 또다시 나를 추궁하기 시작했고 나는 그런 서연이를 보며 차분히, 또 천천히 모든 상황에 대해 설명해주었다.

"그럼... 내가 당신을 거부할 걸 알면서도 내가 그쪽을 기억해주길 바랐던 거야?"

"...그렇다고 볼 수 있지."

"역겨운 소리 좀 그만해주겠어? 당신 정말 싫다고..."

"응, 싫은 거 알고 있어."

서연이의 가시 섞인 말에도 흔들리지 않았다.

사실 흔들린 것은 내가 아니라 서연이었을지도 모른다. 내가 싫다고 말하는 서연이의 목소리는 마치 무언가를 숨기고 있는 것처럼 희미하게 떨리고 있었으니까.

"네가 날 싫어해도 기다릴게. 나를 기억해낼 때까지."

나의 진심 어린 말을 들은 서연이는 표정에 작은 변화가 생겼다. 뭘까 저 표정은... 놀란 것 같으면서도 무언가를 생각하는 듯한 표정의 의미를 알지 못했다. 그저 말없이 그 표정을 지은 얼굴을 바라볼 뿐이었다.

"...노력, 해 보시던가."

한참을 머뭇거리던 서연이는 조금은 까칠한 투로 대답했다. 서연이는 연애를 할 때부터 자주 보였던 버릇이 있다. 조금이라도 화가 나거나, 불편하면 그것을 조금 과장하여 표출한다. 그 버릇은 사라지지 않는 걸까. 사실은 서연이도 내가 그리 싫지는 않았을 것이다. 증후군 때문에, 버릇 때문에 나를 더 밀어냈을 것이다. 물론 내가 그렇게 믿고 싶은 것일지도 모르지만.

사실은 나도 은연중에 알고 있었다. 서연이가 나를 거부하고 있다는 것, 영원히 나를 기억하지 못 할지도 모른다는 것, 서연이의 세상 속에는 내가 존재하지 않는다는 것 전부. 하지만 기억하게 만들고 싶었다. 나를 향한 서연이의 꽃 같은 웃음을, 더는 잃고 싶지 않았다.

지금으로부터 3년 전에 그 첫 만남을 시작으로 우리는 조금씩 돈독해져 갔다.

"야 김민혁! 오늘도 피시방 콜?"

"좋지, 한판 뜨자."

"봐달라고 징징거리지나 마."

동아리실에 남들보다 일찍 오는 것이 익숙했던 우리는 매일 둘이서 동아리실 소파에 앉아 선배들이 오기 전까지 둘만의 대화를 나눴다.

피시방에 가서 무슨 게임을 할 것인지, 동아리 선배들 중 누가 뭘 했는지, 끝나고 뭘 먹으러 갈 건지. 평범한 대화를 나누며 우리의 사이는 조금씩 깊어져 갔다.

"야 왼쪽, 왼쪽! 왼쪽이라니까!"

"어딘데! 안 보인다고!"

"아 이서연 게임 진짜 못 해!"

단둘이 피시방에 가서 티격태격 게임을 하며 놀거나,

"와... 내가 먼저 집게 들 때까지 아무것도 안 하는 거 봐라?"

"야 저번에 내가 구웠잖아, 오늘은 김민혁이 구워주는 고기 좀 먹어보자. 응?"

하루가 끝나갈 무렵 함께 밥을 먹는 시간이 조금씩 늘어나며 우리의 세상이 점차 넓어지고 있음이 느껴졌다.

그 뒤로 얼마나 지났을까. 어느 순간부터 난 이상하게도 서연이를 만나러 가는 날이면 옷이나 스타일에 조금 더 신경 쓰거나, 행동을 조심하고 있었다.

'뭐야? 나 왜 이래?'

거울을 보다 볼을 손바닥으로 툭툭 때리며 정신을 차려보려 했지만 아무런 효과가 없었다. 그저 지금 내가 왜 이러는지 알 수 없어서 혼란스러울 뿐이다. 서연이만 만나면 빨갛게 익기 직전인 나의 얼굴이 이해되지 않았다. 이런 나의 모습을 자각하다 보니 예전처럼 서연이를 대하기가 조금 어려웠다.

"김민혁! 여기!"

나를 향해 손을 흔드는 서연이의 모습을 보자, 첫 만남 때처럼 세상이 환하게 물드는 것 같은 기분이 들었다. 처음 만났을 때 서연이 귀에 꽂혀있던 파란 꽃 핀, 물망초였던가. 그 물망초 꽃들이 바람에 산들거리는 것 같은 그런 이상한 환각이 보이는 것만 같았다.

"뭐야, 표정이 왜 그래?"

"어? 뭐, 뭐가? 왜?"

"어디 아프냐? 왜 이렇게 안절부절못해?"

"안 아프거든. 오늘은 어디 갈래?"

"딱히 계획은 없는데."

"그럼. 카페나 갈래?"

"카페? 오늘따라 너답지 않네…"

아, 또 시작됐다. 말이 뇌를 거치지 않고 튀어나온다. 서연이가 카페를 좋아한다는 사실을 알고 있어서 무의식중에 나온 말이다. 하지만 갑자기 난데없이 단둘이 카페라니! 차라리 밥을 먹으러 가자고 하는 게 훨씬 자연스러웠을….

"뭐… 좋아!"

"어?"

나도 모르게 나온 말에 어떻게 수습해야 하나 안절부절못하고 있었지만, 다행히 서연이는 아무렇지도 않아 보였다.

"안 그래도 나 카페 가는 거 좋아했는데 잘 됐다! 넌 무슨 음료 좋아해?"

"나? 나는 그냥… 아무거나 다?"

"그래도 하나만 고르면?"

"그나마… 에이드를 제일 많이 먹기는 하지?"

"나랑 취향이 겹치네? 나도 에이드 제일 많이 먹어! 그나저나… 너랑 카페 가는 건 또 처음이네."

"그러게. 뭐 아님 다른 곳 갈까?"

"응? 아냐! 오히려 생소하고 좋은데 뭐."

지금 멀쩡히 대답을 잘하고 있는지도 모를 정도로 긴장이 되었다. 아니 잠시만, 나 지금 왜 긴장을 하고 있는 거야? 그냥 친구랑 같이 카페에 가고 있는 것뿐이잖아? 긴장할 거 없지.

　그렇게 카페에 도착하고 우리 둘은 간단히 아이스티를 마시며 또다시 평소처럼 대화를 나눴다. 아까전에 했던 긴장의 이유는 찾지 못했지만, 그냥 잊어버리는 편이 좋을 것 같다는 생각이 들었다.
　"그래가지고 진짜 웃겼다니까?"
　하지만 이야기를 하다 입을 가리며 '아하하-' 하고 해맑게 웃는 서연이의 얼굴을 보고 방금 내 생각은 3초 만에 사라져버렸다. 처음 동아리실에서 지었던 서연이의 웃음과 지금 서연이의 웃음이 겹쳐져 아까전에 긴장이 다시 꽃처럼 피어올랐다.
　또다시 세상이 환하게 물들여진다. 조금씩 꽃이 피어오른다. 나 설마... 서연이를...
　"저기요- 김민혁?"
　"어?"
　"뭐야, 무슨 생각을 하길래 얘기도 안 듣고.."
　"아, 미안... 나 오늘 컨디션이 좀 안 좋은가 봐. 먼저 가야 할 것 같네."
　"뭐? 갑자기 이렇게 간다고?"
　"어어, 미안. 연락할게!"
　나는 급히 가방을 챙겨 카페를 빠져나왔다. 누가 쫓아오는 것처럼 다급한 걸음으로 집에 도착해서 거울을 보니 얼굴이 홍당무 마냥 빨갛게 익어 있었다.

"아, 나 왜 이래 진짜아!"

침대에 다이빙하듯 점프해 베개에 얼굴을 파묻고는 소리를 질렀다. 이 와중에도 카페에 혼자 남겨진 서연이가 조금 신경 쓰이는 걸 보니, 내 마음은 이제 걷잡을 수 없는 것 같다.

그렇게 내 마음을 받아들인 뒤 얼마 지나지 않았을 때쯤, 예상 못 한 일이 벌어졌다.

"야 오늘도 끝나고 뭐 먹을 거야?"

"아잇, 귀에다 속삭이지 말라니까..!"

동아리실에서 자꾸만 귓속말을 하며 말을 거는 서연이의 목소리가 너무 간지러워서 서연이를 자꾸만 밀어냈다.

"아 됐고! 뭐 먹을 거냐고!"

"이따가 저녁에 정하면 되잖…"

"어이 꽁냥꽁냥! 둘이 뭐하냐?"

그날은 서연이와 저녁 약속을 잡다가 선배한테 딱 걸렸던 날이던가? 미묘한… 아니 어쩌면 조금은 음흉한 표정을 지으며 우리 둘을 쳐다보는 선배는 며칠 전부터 우리를 '꽁냥꽁냥'이라고 부르셨다.

"동아리 내에서 연애를 금지하지는 않겠다만 애정행각이 너무 과하면 우리도 곤란할 수밖에 없어?"

웃으며 말하는 선배의 말에 주변 선배들 모두 빵 터져버렸다.

"아 선배 그런 거 아니에요!"

난 얼굴이 빨개져 혹시나 내 마음이 들킬까 고개를 휘저으며 선배들을 향해 소리쳤다. 하지만 그런 나와는 달리 서연이는 아무런 부정도 하지 않았다. 부정을 하지 않는 서연이의 모습이 괜스레 신경 쓰였다. 나만 서연이에게 그런 마음을 가지고 있는 건 아닐까?

"…혁? 김민혁!"

"어?"

"뭐 먹을 거냐니까 자꾸 뭔 생각해."

하루종일 서연이가 아무런 부정도 하지 않은 이유를 곱씹다 보니 어느새 동아리는 끝나있었고, 서연이와 함께 길을 걷는 중이었다.

"아, 어 미안. 잠깐 뭔 생각 좀 하느라…"

"됐고, 뭐 먹을 거야?"

"뭐라도 좋은데… 술이나 한잔할까?"

내 물음을 끝으로 우리는 술집으로 향했다. 한 잔… 두 잔… 조금씩 잔을 비워내던 우리는… 아니지, 내 앞의 서연이는 술에 취해 혀가 잔뜩 꼬여 있었다.

"야아 김민혀억! 너 내가 그르케 싫으냐?"

발음이 늘어지며 내 얼굴 바로 앞에 대뜸 손가락을 찌르듯 내

밀고는 자신이 싫냐고 물어보는 서연이의 모습에 또다시 나의 얼굴엔 웃음꽃이 피었다.

"싫다고 한 적 없는데?"

"근데... 너 왜 아까아... 동아리실에서 막 아니라구 해..."

동아리실에서 선배들의 놀림에 고개를 저었던 내 모습을 신경 쓰고 있었던 걸까, 그때의 이야기를 꺼내며 서연이는 속상한 표정을 지었다.

"나는 너 좋아하는데에..."

"케헥!"

입에 머금은 술이 그대로 입 밖으로 튀어나올 뻔했다. 갑작스레 술에 취해 뱉은 말이었겠지만 분명 서연이의 그 말에 거짓이라고는 1도 섞여 있지 않았다. 그리고 그 말을 들은 나의 얼굴 역시 빨갛게 익어 있었다. 그렇다 동아리실에서 처음 마주쳤던 그 순간부터, 우리는 서로...

"나도 너 좋아하는데?"

결국, 참지 못하고 서연이를 보며 내 마음을 전하자 서연이의 눈동자에 풀려있던 동공이 돌아왔다. 딱 봐도 술이 깬 모습이었다.

"너, 너어도 나아 좋아한다구우?"

억지로 이상하게 혀를 꼬며 술이 깨지 않은 척하는 서연이의 모습에 노력이 가상하여 모르는 척해줄까 생각도 했지만, 서연이의 장단에 맞춰 주고 싶진 않았다.

"서연아, 술 깬 거 알고 있어. 제대로 말해주라 응?"

턱을 괴고 몸을 살짝 앞으로 당기며 서연이를 빤히 쳐다보자 서연이의 얼굴도 보기 좋게 익어가기 시작했다.

"아니... 그게, 그러니까..."

"말 안 해줄 거야?"

"그..."

부끄러운지 고개를 떨구는 서연이의 손을 슬며시 붙잡은 뒤

"좋아해 서연아. 생각보다 많이." 라고 말하였고

"나도... 좋아해."

서연이의 대답으로 우리는 연인이 되었다.

7월 여름, 비가 와도, 햇볕이 강해도 절대 꺾이지 않는 꽃처럼 우리의 관계는 점점 더 깊어졌다. 우리는 꽃처럼 함께 피어나고 또 피어났다. 환하게 피어오르는 꽃은 우리의 웃음이었다.

하지만, 피어오르는 꽃을 보며 잠시 잊고 있었다.

꽃도 언젠가는 시든다는 것을.

5

이 남자, 이렇게까지 진심 일 줄은 몰랐다. 끝없이 자신이 싫다고 밀어내는 나를 보고도 '응, 싫은 거 알고 있어.' 라니...

사실 이 남자 별로 싫지 않다. 조금 짜증 나기는 하지만 토가 나오거나 욕이 나올 정도로 싫은 것만큼은 아니다. 근데 이 남자가 말한 이 뭣 같은 증후군 때문인지는 몰라도 자꾸만 거부감이 든다. 내 안에 또 다른 무언가가 살고 있는 것 같은 기분이었다.

"네가 날 싫어해도 기다릴게. 네가 날 기억해낼 때까지."

내가 아무 말도 하지 않고 가만히 있으니 이 남자는 나의 얼굴을 똑바로 쳐다보며 말했다. 그 말을 듣자마자 나도 모르게 조금은 찡그려졌던 표정이 변해갔다.

많이 당황스러웠다. 정말 이렇게까지 진심 일 줄이야. 어떻게 해야 할까... 이 남자의 제안을 받아들이는 게 맞을까?

나는 한참을 고민하다 입을 열었다.

"...노력, 해 보시던가."

내 눈앞에 이 남자를 한번 믿어보기로 했다. 내가 이런 말을 내뱉자, 이 남자는 안심한 듯한 미소를 지으며 나를 계속 바라보았다.

"고마워, 믿어줘서."

"딱히, 그렇게까지 믿는 건... 아니거든."

"쌀쌀맞게 구는 건 여전하네."

"시끄럽고! 뭐... 어떻게 도와줄 셈인데?"

"같이 의논해봐야지."

"생각해둔 게 아니었단 말이야?"

이 남자를 어쩌면 좋을까. 아무런 계획도 없이 나한테 계속 이런 제안을 하고 있었던 거야?

"다시 예전처럼 지내보는 건 어때?"

"뭐? 그게 가능할 거라 생각해?"

"네가 나를 밀어내는 건 아직 내가 낯설어서일지도 모르잖아."

"그렇기에는 난 벌써 그쪽 이름도 까먹어 버렸는걸?"

"내가 얼마나 싫었으면..."

"아니야! 기억해보려고 했어... 하지만 자꾸 까먹게 된다고..."

"그것도 증후군 때문인 것 같네. 우선 내일 병원부터 갈까? 증후군에 대해 확실히 설명을 좀 들어봐야 할 것 같아."

"그래, 오늘 오전에 만났던 카페 앞에서 11시쯤 만나자."

그 남자와 나는 한참을 투덕거리다 내일을 약속했고, 이제 숨 좀 돌릴까 하던 참에 갑작스레 자리에서 일어나 집 치우는 것을 도와주겠다는 남자 때문에 숨 돌릴 틈도 없이 바로 어질러진 집 안을 치우는 꼴이 되었다.

허둥지둥 집을 치우다 보니 꽤나 오랜 시간이 지났는지 비가 완전히 그쳐 밖이 조용해졌다. 그 남자는 조용해진 창밖을 바라보다가 비가 다시 오기 전에 얼른 집으로 가야 한다는 말을 남기고는 급히 자신의 집으로 향했다.

 그 남자가 나가자마자 몸에 힘이 축 하고 풀리는 기분이 들었다. 오늘 하루 동안 굉장히 많은 일이 있었던 것 같다.

 "피곤하다..."

 나는 침대로 힘들게 걸음을 옮겼고, 그대로 누워 잠에 들었다. 오늘은 많이 피곤했으니 푹 자는 게 좋을 것 같다.

 '지잉- 지잉-'

 귀 바로 옆에서 시끄럽게 울려대는 휴대전화의 진동과 창문을 타고 들어오는 햇빛 때문에 잠에서 깨어나 버렸다.

 "아침부터 누구야 짜증 나게..."

 피곤한 상태로 눈도 제대로 뜨지 못한 채 침대에서 몇 번 뒹굴다 허공으로 손을 몇 차례 휘적거려 휴대폰을 집었다.

 겨우겨우 눈을 떠 폰을 확인했을 때는 부재중 전화 몇 통과 문자가 와 있었다.

 202X. 06. ○○

 민혀기: 서연아 아직까지 자는 거야? 11시에 만나기로 했잖아!

 뭐지 이 남자는? 누구길래 나랑 11시에 약속이 있는 거지? 잠에서 깨어나지 못한 채로 낯선 남자에게서 온 문자만 멍하니 바라보고 있었을까. 갑자기 전화가 한 통 걸려 왔다. 아까 문자가 왔던 그 번호다.

"여보세요."

"서연아! 너 이제 일어났어?"

"저기, 누구세요?"

"응?"

"누구시냐고요."

"아침부터 장난이 심하네. 늦었다고 뭐라 안 할 테니까 장난 그만하고 나와 얼른."

기억이 나지 않는다. 전화기 너머로 들려오는 목소리를 듣다 보니 어제 어떤 남자를 만났던 것 같은 기억이 희미하게 떠오른다. 자세히 기억을 떠올려보려 해도 그 남자의 얼굴은 모자이크된 것처럼 흐릿하게 보였다. 분명 내 증후군 얘기를 했던 것 같은데... 무슨 증후군이더라?

"아니 전 당신이 누군지 모른다니까요?"

"어제 기억 안 나?"

"어제..?"

"어제같이 병원 가기로 했잖아! 너 증후군 설명 듣기로 한 거! 기억이 안 나는 거야?"

아, 이 사람이 모자이크된 그 남자인가. 그건 됐고 소리 좀 그만 질러줬으면 좋겠는데 말이지.

"아 기억나네요, 나갈 테니까 기다려요."

나는 잠에서 덜 깬 목소리로 대답한 뒤 전화를 끊었고 마른세수를 한 번 하고 자리에서 일어났다.

어질러져 있던 집은 어제 치운 덕에 깨끗한 상태였다. 그 많은 양의 물건들을 혼자 치웠던가? 어찌 됐든 상관은 없다. 지금은 이 땍땍거리는 모자이크 남자를 만나러 나가는 것이 우선이니 어제의 기억은 잠시 버려두고 오늘 하루를 시작해야겠다.

준비를 모두 마친 뒤 길가에 피어있는 꽃을 눈에 담으며 길을 걷다 보니 어느새 카페 앞에 도착해있었다. 하지만 카페 앞에 도착을 했는데도 불구하고 그 사람 얼굴도 이름도 기억이 나질 않아 도무지 어디에 서 있는 것인지 알 수가 없었다. 어떻게 생겼지? 이름은 뭐지? 한참 카페 앞에 서서 그 남자의 모습을 머릿속에 그려내고 있으니 누군가 뒤에서 나를 톡톡 쳤다.

"혼자 거기 서서 뭐 해?"

"우악!"

뒤를 돌자 살풋 웃으며 가까이 들이미는 얼굴을 보고 너무 깜짝 놀라서 그대로 뒤로 넘어질 뻔했다.

"놀래키려 하긴 했지만 이렇게까지 놀랄 줄은…"

"뭐에요 진짜! 그쪽 어제 그 남자 맞죠!"

"그 물음에 대답해주기 전에 언제까지 '그쪽, 당신'이라 부를 건지부터 좀 물어보고 싶네."

"아 이름이 기억 안 나는 걸 어떡해요! 당신 얼굴도 기억이 안 난다고요. 짜증 나게 하지 마요?"

이 남자... 자꾸만 속을 살살 긁는 것이 남자친구가 아니라 원수였을지도 모른다는 생각이 든다.

그렇게 한참을 카페 앞에서 투덕거리다가 어제 있었던 일에 대해 그 남자에게 자세히 이야기를 들으며 함께 병원으로 향했다. 병원에 도착해서 몇 가지 검사와 상담을 한 뒤 나의 증후군에 대해 설명을 듣게 되었다.

"전에 검사받으셨던 분이네. 망애증후군이 고쳐지지 않는다는 건 알고 계실 텐데 검사는 왜 또 받으러 오셨어요?"

"망애증후군에 증상을 좀 더 자세히 듣고 싶어서 왔어요."

"좀 더 자세히?"

의사 선생님의 질문에 내 옆에 남자는 조심스레 입을 열었다.

"그, 선생님께서 사랑하는 사람을 자꾸만 거절한다고 하셨잖아요? 근데 그게... 거절한다는 의미가 무엇인지가..."

"말 그대로 거절하는 거요. 머리가 그 사람을 받아들이지 않고 거절해 버리니까 아무리 기억해도 기억에 남질 않는 거지."

의사 선생님의 말을 듣자마자 내가 이 남자의 이름과 얼굴을 자꾸 까먹는 이유를 알 수 있었다. 하지만, 그다음 말을 듣고 나와 그 남자는 잠시 멍한 표정을 지을 수밖에 없었다.

"그럼 그... 사랑했던 사람에게 불쾌감 같은... 그런 안 좋은 감정이 들기도 하나요?"

"지금까지 나온 연구 결과들 중에 그런 연구 결과는 없었는데... 망애증후군은 그 사람을 잊고 기억하지 못하는 것뿐이지 그 사람에게 불쾌감이나 혐오감 같은 게 생기는 병은 아니에요."

"예? 그럼 제 증상은…."

망애증후군의 증상 중 사랑했던 사람을 거절한다는 것은, 말 그대로 그 사람에게 거부감이 생기고, 그 사람이 불편해지는 것이라고 생각했다. 하지만 의사 선생님의 대답은 우리의 예상과는 전혀 다른 대답이었다. 뒤통수를 한 대 맞은 듯이 멍해지는 기분이 든다.

"아까도 이야기했다지만, 그런 연구 결과는 없어요. 그래서 저도 자세한 대답을 드릴 수 없을 것 같네요."

의사 선생님마저도 자기는 모르는 증상이라며 이야기하고 있으니 더 답답할 지경이다. 정말 이 남자가 증후군이 생기기 전에 원수였던 걸까? 그게 아니라면 나는 왜 이 남자를 자꾸만 불쾌하게 생각하는 것인지… 어제처럼 머리가 다시 복잡해져 온다. 이 남자를 만나고 나서부터 무언가가 자꾸만 꼬이는 기분도 든다.

대체 뭘까? 내가 이 남자를 싫어하는 이유.

6

결국, 우리가 알고 싶었던 것은 하나도 알지 못했다.

"내가 그쪽을 싫어하는 게 증후군 때문이 아니라는 거잖아요."

"하아... 대체 왜 그러는 거지..."

"당신 혹시 나랑 사귈 때 데이트 폭력이라도 했어요?"

"내가 데이트 폭력을 왜 해?"

"아니면 바람?"

"무슨 소릴 하는 거야 자꾸! 내가 그런 사람이었다면 네가 나를 잊지는 않았겠지!"

"어떤 근거로요?"

"사랑하는 사람을 잊는다잖아. 내가 그런 짓을 했으면 넌 날 안 사랑했을 테니까 나를 잊을 일도 없지."

"아... 그렇네."

시덥잖은 대화를 나누며 이 남자와 함께 길을 걸었다. 옆에서 말을 시키니 길에 피어있는 꽃을 구경할 틈은 별로 없었지만 그래도 심심하진 않으니 좋다. 그렇게 한참을 걷고 있는데 갑자기 함께 걷던 발걸음이 사라졌다.

"거기서 뭐 해요?"

뒤를 돌아보니 그 남자는 카페 앞에 서서 나를 멍하니 바라보고 있었다.

"카페라도 가자는 거에요 지금?"

"얘기라도 해봐야지. 어제 못다 한 얘기들도 나누고."

"아, 그러죠 뭐."

그렇게 우리는 카페에 들어가 앉아서는 나의 증후군 얘기와 앞으로 어떻게 할 것인가에 대한 얘기로 진지하게 이야기꽃을 피웠다.

"내가 당신을 기억하게끔 하려면 뭐 어떻게 해야 하는데요?"

"그걸 이제부터 이야기해봐야지."

기억을 어떻게 찾을 것인가에 대해서 진지하게 의논을 하고 있던 때, 한참 머리를 쓰다 보니 어제부터 일이 자꾸만 꼬이는 기분이 들어서일까 굳이 지금은 좋아하지도 않는 이 사람과의 기억을 다시 되찾아야 하나 싶은 의구심이 들었다.

"아니, 도대체 내가 왜 당신을 기억했으면 좋겠는 거예요? 그냥 이렇게 된 거 남으로 살면…."

"나름대로 증후군 걸리기 전에는 연인이었는데, 기억하려는 노력 정도는 해줄 수 있는 거 아닌가?"

귀찮은 투로 말하는 나의 말을 듣자 정색을 하며 말하는 그 남자. 순식간에 분위기는 얼음장처럼 차가워졌다. 괜한 말을 한 건 아닐까 헙 하며 입을 다물자 그 남자는 한숨을 크게 푹 쉬었다.

"옛날이나 지금이나 @#$& 하는 건 똑같네."

"네? 뭐라고요?"

"아, 아무것도 아니야."

무슨 말을 한 것 같은데 카페 내부에서 들려오는 시끄러운 여러 소음에 묻혀 제대로 듣지 못했다. 분명 무슨 말을 중얼거린 것 같다며 자꾸만 되물어도 끝까지 알려주지 않는 남자의 모습에 그냥 알지 않는 것이 좋을 것 같다는 판단을 했다.

"내가 귀찮아서 화났어요?"

"딱히 그런 건 아닌데."

"아니긴 무슨... 미안해요. 제대로 할 테니까 표정 좀 풀어요."

나의 사과에 이 남자는 언제 그랬냐는 듯이 표정을 풀며 알겠다고 대답했고 난 이 남자의 성의를 봐서라도 기억을 찾는 일에 최선을 다해야 할 것 같다는 생각이 들었다.

"자 그럼 다시 얘기할까요?"

그렇게 우리 둘은 남들이 봐도 정말 진지한 모습으로 계획을 세웠다. 물론 그 결과가 조금 참담했지만...

"아니 잠시만요, 다른 건 다 좋은데 3번은 뭐예요?"

"별로야?"

"이게 가능하긴 한 거예요?"

이 남자, 아니 민혁 씨라고 했지? 민혁 씨에 대한 기억을 되찾으려는 방법을 노트에 줄줄이 적어 본 결과는 이랬다.

기억을 찾기 위한 방법

1. 예전에 했던 데이트를 다시 함께하며 기억을 되살려본다.
2. 함께 찍은 사진이나 기억들을 되새기며 다시 옛날을 떠올린다.
3. 첫 만남부터 다시 시작한다는 마음으로 다시 사귄다.

"아, 잠시만 또 좋은 생각이 떠올랐어."

4. 매일 함께 시간을 보낸다.

"아 이건 또 뭔데요!"
"이것도 별로야? 굉장히 기발한 아이디어라고 생각했는데."
"전혀 아니에요!"
"매일 함께 있는 게 뭐 어때서?"
"지금 우리 사이에 그게 가능하겠냐고요!"
"이렇게 바로 선 긋는 거야? 그래도 전에는 연인이었는데..."
입을 삐쭉 내밀면서 새침하게 말하는 민혁 씨를 보니 화가 치밀어오르는 기분이 들었다랄까.
"지금 장난식으로 나오는 건 오히려 당신이잖아요!"
"아까 먼저 귀찮다는 식으로 얘기했으면서..."
"삐진 거예요 지금?"

그렇게 한참을 투닥거리고 나서야 민혁 씨에 대한 기억을 찾을 방법이 제대로 정해졌다.

"첫 번째 방법으로 하자는 거죠? 예전에 했던 데이트라면...
민혁 씨가 기억하고 계시는…."

"지금 민혁 씨라고 불러준 거야? 감동이다 정말..."

"하아..."

눈물 닦는 연기를 하는 민혁 씨를 보고 뒤통수를 세게 때려줄까
하는 생각도 들었지만, 일단은 참는 편이 좋을 거 같다.

"알겠어 장난 그만 칠 게- 얼추 기억나니까 걱정 마."

"기억력이라도 좋아서 다행이네요."

"자꾸 선 그으면서 조금씩 시비 건다 너?"

"기분 탓일걸요?"

"뭐? 너 이씨..."

생각해보니 조금 이상하다. 분명 민혁 씨와의 추억은 아무것
도 떠오르지 않는데, 너무 싫고 아직도 불쾌하다는 감정만 남아
있는데... 민혁 씨와 있는 나는 매일같이 웃는 얼굴이다. 분명
이 남자가 낯선데도 아무렇지도 않게 장난을 치게 된다.

"그럼 데이트는 언제부터?"

"데이트라니... 그냥 기억을 찾기 위한 과정이라고요."

"대학이나 알바. 뭐 이런 시간만 피하면 되겠지?"

"이젠 듣지도 않네. 알고 계실 거 아니에요, 대학 다니는 거."

"잘 알고 있지. 공강 시간까지 다 알고 있는걸."

"가끔 보면 스토커 같아서 무서워요."

"날 믿어달라니까."

"미안하게도 아직은 못 믿겠네요. 일단 오늘은 여기까지 하죠.

당신이랑 이것저것 했더니 좀 많이 피곤해요."

"주말에만 시간 되는 거야?"

"평일에도 시간이 있기는 한데... 가끔 안 될 수도 있긴 하죠?"

"흐음... 우선 내일 한번 만나볼까?"

"그러죠 뭐."

그렇게 우리 둘은 또다시 다음을 기약한 뒤 카페를 나와 각자의 집으로 향했다.

"뭐 했다고 오전이 금방 가버렸네..."

집에 도착하자마자 너무 피곤해서 그대로 침대에 누워버렸다. 침대에 누우니 생각이 많아지는 기분이 든다.

"...아직도 신경 쓰인단 말이지."

조금 걸리는 게 하나 있기는 하다. 아직 해결되지 않은, 내가 이 남자를 혐오하는 이유.

망애증후군은 사랑하는 사람을 잊는 병, 내가 잊은 건 민혁 씨, 하지만 난 민혁 씨를 완전히 잊었는데도 부정적인 감정은 남아있는 상태. 상황이 너무나도 모순적이다.

사랑하는 사람을 잊었으면서, 그 사람을 불편해한다고? 아무리 생각해도 잘 납득이 되지 않는다.

요즘 복잡한 일들 투성이라서 그런 건지, 머리가 잘 돌아가지 않는다. 그 민혁이라는 사람만 내 인생에 나타나지 않았어도...

7

서연이와 카페에서 다음을 약속한 뒤 집에 갔다가, 저녁 6시 쯤 다시 바람을 쐬러 밖을 나왔다.

'어차피 시간표가 많이 겹치니까... 서연이를 못 만날 일은 웬 만해서 없다. 다음엔 어딜 가면 좋으려나?'

'도대체 내가 왜 당신을 기억했으면 좋겠는 거예요?'

산책을 하며 다음엔 서연이와 어디서 만나서 무엇을 할지 한 참 생각을 하고 있었는데, 카페에서 서연이가 했던 말이 다시 떠올랐다. 귀찮다는 얼굴로 나를 쳐다보며 말했던 그 장면이... 왜 잊혀지지 않는 건지 모르겠다.

서연이는 번거로운 일에 시간을 쓰거나, 귀찮은 일을 싫어한 다. 그래서 노력을 잘 하지 않는다. 그런 서연이의 모습이 가끔 미울 때도 있었다. 그래서 우리가 연애할 때 그렇게 많이 싸웠 던 거겠지? 넌 귀찮은 걸 싫어하고, 난 너의 말대로 귀찮게 사 는 사람이니까.

'옛날이나 지금이나 귀찮으면 안 하려 하는 건 똑같네.'
'네? 뭐라고요?'
'아, 아무것도 아니야.'

연애를 할 때, 노력하지 않고 뭐든 귀찮아하는 서연이의 모습 때문에 화가 자주 났었지만 그렇다고 서연이에게 뭐라 할 수도 없었다. 상처를 쉽게 받아서 조금만 화를 내도 서연이는 그대로 상황을 회피해버린다. 그런 너의 모습에도 불구하고 화를 냈던 모습 때문에 지금의 네가 나를 잊었음에도 날 혐오하는 걸까?

시간이 많이 늦어져 노을마저 사라지고 있는지 파란빛과 주황빛이 공존하는 하늘 아래, 홀로 길을 거닐며 생각을 정리하다 보니 머릿속은 더 복잡해져 오기만 한다.

'불쾌감이나 혐오감 같은 게 생기는 병은 아니에요.'

낮에 의사 선생님께 들었던 말들이 떠올랐다. 증후군 때문이 아니라면, 정말로 내가 연애를 하면서 서연이에게 화를 너무 많이 냈기 때문에 서연이가 나에게 불쾌감이 생긴 걸까? 그것도 아니라면 도대체 서연이는 날 왜 싫어하는 거지? 애당초 서연이가 쓰러진 이유는 뭐지? 서연이가 증후군이 생긴 이유는 뭔데? 서연이가 기억을 찾지 못한다면 그땐 어떻게 할 생각인데?

생각이 꼬리에 꼬리를 물어 점점 더 답답해지기만 할 뿐 나아지는 것은 없었다. 누군가 목을 조르는 것처럼 숨통이 막혀온다. 너무 혼란스럽다. 아무것도 보이지 않는 터널 속에 홀로 남겨진 것만 같은 기분이 들어서 결국 구름 한 점 없는 하늘 아래에 그대로 멈춰 서버렸다.

그렇게 한참을 멍하니 길에 서 있었다. 누가 봐도 뭔일이 있는 사람처럼 보였겠지만 사람이 거의 다니지 않는 길가라 괜찮았다. 길가에 가만히 서 멍을 때리던 난 정신을 차리고 다시 고민 속에 잠겼다. 그리고는 한참을 더 고민하다 휴대전화를 들어 어딘가로 전화를 걸었다.

"여보세요?"

"응 서윤아, 나야 민혁이."

"아 네 오빠, 무슨 일이세요? 아직도 언니가 오빠 기억 못 해서 연락한 거예요?"

"그 증후군이.. 낫는 게 아니래. 평생 날 기억 못 하나 봐."

"네에? 그럼 오빠랑 언니는 어떡해요?"

"그래서 오늘 서연이랑 만나서 제대로 다 얘기했어. 결론적으로 같이 기억 찾기로 약속도 했고."

"아아, 그거 말해주려고 전화하신 거예요?"

"그건 아니고, 너한테 물어보고 싶은 게 있어서."

"어떤 거요?"

"서연이가 쓰러진 이유... 정말 몰라?"

서윤이에게 물어서라도 증후군이 걸리게 된 이유에 대한 실마리를 찾고 싶었다. 하지만.

"아, 네 정말로 몰라요. 제가 오빠한테 안 알려 줄 이유도 없잖아요. 갑자기 그건 왜요?"

"그럼 서연이가 쓰러진 걸 처음 발견했을 때 뭔가 이상한 게 있었다던가, 그런 거라도..."

"아무리 생각해봐도 딱히 그런 건 없었던 것 같은데..."

"아 그래? 어쩔 수 없지... 끊을게. 알려줘서 고마워."

서윤이에게도 아무런 도움을 받지 못했다. 그렇게 실망을 가득 안은 채로 전화를 끊으려 했을까.

"아 오빠! 하나 기억나는 게 있어요."

서연이가 기억나는 것이 하나 있다며 급하게 입을 열었다.

"약이요. 바닥에 약들이 엄청나게 나뒹굴고 있었어요."

너의 세상에 다시 피어나기 위해

1

아침 햇살을 맞으며 일어나 버릇처럼 휴대폰을 들어 확인해 보니 문자가 하나 와 있었다. 어제 연락을 했던 흔적이 남아있는 걸 보니 어제 만났던 사람인가. 무언가 많은 대화를 했던 것 같기는 한데 망할 증후군 때문에 기억이 잘 나지 않는다. 매일 아침마다 이 남자의 이름과 얼굴, 이 남자와 나의 관계를 기억하기 위해 시간을 소모하는 것이 너무나도 귀찮기만 하다.

202X. 06. ○○
민혁 씨: 오늘도 늦으면 안 된다?
나: 내가 지각만 하는 놈으로 보여요?
민혁 씨: 조금?

사람 짜증 나게 하는 걸 보니 어제 그 사람이 분명 맞다. 희미하게 기억은 난다. 증후군에 걸린 내가 자신을 기억할 수 있게 데이트를 하기로 약속했었을 거다. 물론 말만 데이트지 전혀 그렇고 그런 감정은 없지만 말이다.

202X. 06. ○○
나: 자꾸 짜증 나게 할 거예요?

문자를 보내자마자 방금까지 문자를 하던 그 번호로 전화가
걸려 왔다.
"여보세요?"
"내 이름이랑 얼굴은 매번 까먹으면서... 너무 쌀쌀맞게 구는
거 아니야?"
"까먹는 게 아니라 기억이 안 난다고 몇 번이나 말씀드려요!
준비해야 하니까 그런 잡담이나 할 거면 끊어요!"
홧김에 전화를 끊어버렸다. 아까도 얘기했듯이 증후군 때문에
이 남자에 대한 기억은 머릿속에 잘 남지 않는다. 이 남자의 이
름이나 얼굴, 이 남자와 했던 자세한 대화들은 그리 오래 머릿
속에 남지 않고 금방 내 머릿속에서 지워진다. 이 증후군... 낫
기는 하는 건가.

서둘러 준비를 끝마치고 약속 시간보다 먼저 나와서 민혁 씨
와 항상 만났던 카페 앞으로 향했을까, 그곳엔 이미 민혁 씨가
나를 기다리는 중이었다. 저 멀리서 나를 발견하자마자 바로 손
을 흔드는 민혁 씨의 모습에 바로 민혁 씨를 알아볼 수 있었다.
"뭐야... 저도 일찍 나오긴 했는데, 더 일찍 오셨네요?"

"이런 건 일찍 나오는 게 예의지-"

'일찍 오는 게 예의일 것 같아서..'

방금 뭐였지? 무언가 겹쳐 보였다. 아니 겹쳐 들린 건가? 분명 무언가 기억이 떠올랐던 것 같은데...

"...연아? 서연아!"

"아, 네?"

"뭐야 무슨 생각해... 가자니까?"

"그, 어디 갈 건지는 생각해두셨죠?"

"당연하지! 나만 믿고 따라오면 돼."

요즘 피곤해서 그런 거일 수도 있으니 일단 신경을 안 쓰는 편이 좋을 것 같다. 신경 써봤자 피곤하기만 할 테니까.

"근데 우리 어디 가는 거예요?"

"나만 믿고 따라오라니까?"

"못 믿겠어서 하는 말이에요."

"허참, 너무하네. 소풍 가는 거야 소풍."

"갑자기 소풍이요?"

"응! 소풍 엄청 자주 다녔어 우리."

"음... 소풍 좋기는 하죠."

민혁 씨와 이런저런 대화를 나누다 보니 어느새 우린 공원 같은 곳에 도착해있었다. 넓은 잔디밭, 먹거리가 잔뜩 있고 아이들이 비눗방울을 불며, 모두 돗자리에 앉아 김밥 같은 것들을 나눠 먹는 그런 풍경이 눈앞에 펼쳐졌다.

"여기예요?"

"응, 우리가 자주 왔던 곳이야. 돗자리 좀 빌리고 올 테니까 잠깐만 여기 있을래?"

"혼자 갔다 오려고요?"

"한 명은 짐 지켜야지. 내가 갔다 올 테니까 짐 지키고 있어!"

민혁 씨는 그 말을 끝으로 시야에서 사라졌다. 뭘 이리 싸 들고 온 건지 어떠한 것들로 가득 차 있는 가방 옆에 멍하니 서 있다가 다른 꽃 사이에 자그마치 피어있는 파란 꽃 하나를 보았다. 평소 좋아하던 꽃이라서 자동적으로 몸이 움직였고, 난 그 꽃 쪽으로 다가가 몸을 낮추고는 바람에 살랑이는 꽃을 바라보았다. 바람에 힘없이 흔들리는 꽃이 아름다웠다.

"거기서 뭐 해?"

"아 깜짝이야! 꽃이 있길래 잠깐 보고 있었어요."

멍하니 꽃을 바라보고 있었을까 민혁 씨는 어느새 내 옆에서 같이 몸을 낮추고는 나와 함께 꽃을 바라보고 있었다.

"꽃? 우와... 이쁘네..."

"이 꽃 제가 제일 좋아하는 꽃이에요. 이름은 물망초, 누구더라... 뭐 잘 기억은 안 나지만 누군가가 이 꽃을 자주 선물 해줬거든요."

"...파란빛이 도는 게 되게 이쁘네."

"그죠?"

"아, 잠시만 있어 봐."

민혁 씨는 한참 구경을 하다 말고 물망초를 하나 똑 하고 뽑아
내더니 그대로 나의 귀에 살며시 꽂아주었다.

"그냥, 잘 어울릴 것 같아서."
"잘 어울릴 것 같길래 꽂아본 건데 이쁘다~"

'팍!'
나는 놀란 마음에 내 귀에 꽃을 꽂아주는 민혁 씨의 손길을
거절해 버렸다. 아까부터 뭐지? 왜 자꾸만 이 남자한테서 다른
사람의 얼굴이 보이려 하는 거지? 왜 이리 기분이 불쾌하고 더
러운 거지?
"싫으면 싫다고 말을 하지..."
"아, 아아... 아니 그게... 그러니까..."
바보같이 아무런 변명도 하지 못하고 '아니, 그게 아니라.' 만
반복했다. 자꾸만 이 남자가 다가올 때마다 불쾌하다는 생각이
든다. 이대로라면 기억을 찾기는커녕 이 남자가 나를 먼저 떠나
버릴 텐데. 그나저나 난 뭐가 그리 무서워서 이 남자가 떠나는
걸 두려워하고 있는 거지? 기억조차도 없는데.
"...미안 내가 또 너무 앞섰네. 그늘로 가자 돗자리 펴놨어."
한참을 혼란 속에 빠져서 생각만 하고 있으니 민혁 씨가 입을
열었다. 눈치가 보여 살짝 고개를 들고 민혁 씨의 얼굴을 보았
을까, 누가 봐도 상처를 가득 받은 얼굴로 서 있다가 나를 등지
고 돗자리로 무겁게 발걸음을 옮겼다.

아, 망했다. 일내버렸다.

2

"아, 아아... 아니 그게... 그러니까..."

그저 옛날에 했던 행동들을 하면 기억이 금방 돌아올 거라 생각하고 평소 하던 대로 좋아하는 꽃을 귀에 꽂아줬을 뿐인데, 서연이는 불쾌함이 가득한 표정으로 나의 손을 쳐내버렸다.

이대로면 기억은 찾지도 못하고 우리의 세상이 완전히 시들어버릴 것만 같다. 어떻게 해야 할까. 어떻게 하면 네가 마음을 열까. 도대체 네가 쓰러진 날 바닥에 널브러져 있었던 약들은 도대체 뭘까. 알고 있기는 한 걸까? 네가 말하는 '꽃을 자주 선물해주던 사람'이 나라는걸.

"...미안 내가 또 너무 앞섰네. 그늘로 가자 돗자리 펴놨어."

생각이 많아져 나의 눈치를 보는 서연이를 지나쳐 그대로 돗자리로 향했다. 돗자리에 신발을 벗고 앉아있으니 서연이가 눈치를 보다가 슬금슬금 나에게 다가오는 모습이 보였다. 천천히 다가와서는 신발을 벗고 돗자리 위로 올라오는 서연이. 우리의 사이에선 어색한 적막이 흐를 뿐 아무도 입을 열지 않았다. 입을 열지 못했다고 표현하는 게 맞으려나.

"저기... 민혁 씨..."

"…"

"미안해요… 일부러 그런 건 아니었어요…"

"아냐 괜찮아."

"정말… 괜찮아요?"

"응, 도시락이나 먹을까? 내가 챙겨 왔는데."

눈치를 보는 서연이의 모습을 보고 나는 그냥 괜찮은 척 웃었다. 여기서 내가 계속 어두운 표정으로 있는다면 서연이는 또 눈치를 보다가 상처를 입어 버릴지도 모를 테니까.

"도, 도시락을 가져왔어요? 나 안 가져왔는데?"

"넌 소풍 오는 것도 몰랐잖아. 괜찮으니까 얼른 먹어."

이 와중에도 오물오물 내가 가져온 김밥을 먹는 서연이의 모습을 보고 있자니 흐뭇한 미소가 나오는 건 어쩔 수 없다. 생각이 많아지는 건 뒤로 하고 그저 서연이를 한 번 더 이해해 보기로 한다.

"안 먹어요?"

"먹을게. 너 많이 먹어."

"직접 만든 거예요?"

"응 직접 만든 거야. 혹시 맛없어?"

"맛있어서 그러죠!"

함께 김밥을 먹으며 다시 분위기를 풀어낸 우리는 김밥을 다 먹고 소화도 시킬 겸 돗자리에 짐을 두고 가볍게 공원을 산책했다.

"아 풍경 이쁘다~"

"그러게, 진짜 이쁘네."

아이들이 부는 비눗방울이 옅은 바람에 몸을 맡겨 날아다니고, 여기저기서 커플들이 다정하게 손을 잡고 길을 거니며, 카페 안에서 들리는 누가 어쨌다더라, 누가 저쨌다더라 하는 그런 시덥잖은 이야기들, 편의점에서 아이스크림을 물고 나오는 사람들까지. 한여름에 평범한 풍경 속에서 우리는 한참 동안 주변을 구경하며 길을 거닐었다.

주변을 구경하다가도 옆을 슬쩍 바라볼 때면 뭐가 그리 행복한 건지 기쁜 표정으로 주변을 둘러보는 서연이의 모습이 보였다. 그런 서연이를 볼 때마다 옛날 생각이 안 날래야 안 날 수가 없었다. 너도 지금 나랑 같은 생각을 하고 있으면 좋을 텐데. 너에게 있어서 우리의 기억은 존재하지 않겠지.

"...있잖아요."

또다시 생각에 잠기려 하던 그때 여전히 사람들에게 눈길을 두고 있는 서연이가 입을 열었다.

"응?"

"증후군, 사라질까요?"

"흠... 사라지길 바래야지."

"...사실 나, 되게 힘들고 괴로워요."

해맑게 웃으며 길을 거닐던 서연이는 어디 갔는지 먼 곳을 바라보던 서연이의 눈동자 속에는 공허함이 가득 담겨 있었다.

"다들 흔하게 두통이라는 게 오잖아요? 난 그 두통이 심해지면 심해질수록 이상한 환청들이 들려요. 어떤 남녀가 싸우는 소리가 자꾸만 귓속에 울려 퍼져서 두통이 사라지지가 않고, 귀를 막아도 들려서 무시할 수조차도 없어요."

시끄럽던 공원의 여러 소리들이 더 이상 귀에 들어오지 않았다. 여름의 심술 섞인 바람 때문에 흔들리는 것은 꽃잎들뿐만이 아닌 것 같다.

"그것뿐이겠어요? 가끔 나도 모르는 기억이 떠오를 때면 그 기억에 대해 생각하느라 시간을 허비하고 아침마다 민혁 씨를 기억해야 해서 일어나자마자 정신이 없기도 해요. 민혁 씨랑 약속을 잡고 나서 다음 날 아침이 되면 얼굴이며, 이름이며 떠오르지를 않아서 그나마 기억나는 전날의 대화로 민혁 씨와 관련된 것들을 기억하느라 매일 애를 쓰고... 민혁 씨와 함께 있는 게 사실... 조금 불편해요."

서연이의 괴로움이 고스란히 표정에 드러났다. 그동안 혼자서 얼마나 힘들어했을까.

"그리고 딱 한 가지 기억이 머릿속을 떠나지 않더라고요."

"딱 한 가지?"

"바닥에 약이 여기저기 굴러다니는... 그런 장면이 머릿속을 떠나지 않아요. 이게 증후군이랑 무언가 관련이 있는 걸까요?"

잠시만, 약이라면...

'약이요. 바닥에 약들이 엄청나게 나뒹굴고 있었어요.'

어제 전화를 하면서 서윤이가 해줬던 말이랑 똑같다.

정말 약과 증후군이 관련이 있는 걸까?

"혹시 최근에 아파서 약 처방 받은 적 있어?"

"그런 건 갑자기 왜요? 약 처방 받은 적 없어요."

"그럼 도대체 뭐지..."

"왜요? 뭐 알 것 같은 거라도 있어요?"

"응? 아, 아냐."

아직 서연이에게는 약에 대해 말하지 않는 편이 좋겠지. 약에 대한 이야기를 들으면 더 혼란스러워할지도 모르니까.

여전히 태양은 빛나고, 사람들의 목소리는 소란스러운 풍경 속에서 우리는 함께 걷고 대화했다. 여기저기 휘날리는 꽃잎은 마치 영화 속 한 장면을 연상케 했고, 사람들은 영화 속 엑스트라와도 같았다.

영화 같은 지금 이 순간에도 우리는 증후군 이야기로 한껏 이야기꽃을 피워냈다. 어쩌다 증후군이 생긴 것 일지, 서연이가 나를 불편해하는 이유는 도대체 무엇인지 알 수 없는 의문을 함께 논의했다. 물론 아무리 이야기해도 해답이 나온 것들은 아무것도 없지만. 뭐 어찌 됐든 상관은 없다.

"내가 꼭, 기억 찾아줄게."

"너의 세상에 내가 다시 피어나기 위해서."

3

  민혁 씨와 첫 소풍을 마치고 집에 돌아가는 길. 사람이 별로 없는 늦은 시간, 나란히 지하철 의자에 앉은 우리 둘.

  '툭_'

  갑작스레 오른쪽 어깨가 무거워져 옆을 돌아봤을까, 많이 피곤했던 건지 나의 어깨에 기대어 있는 민혁 씨가 눈에 띄었다. 갑작스레 몰려오는 불편함과 불쾌감에 나의 어깨에 기대고 있는 머리를 살며시 밀어내려던 순간.

  "그... 어디 갈 건지는 생각해두셨죠?"

  "당연하지! 나만 믿고 따라오면 돼."

  "..미안 내가 또 너무 앞섰네. 그늘로 가자 돗자리 펴놨어."

  "도시락이나 먹을까? 내가 챙겨 왔는데."

  "도, 도시락을 가져왔어요? 나 안 가져왔는데?"

  "넌 소풍 오는 것도 몰랐잖아. 괜찮으니까 얼른 먹어."

  "...뭐, 한번은 불편하게 있는 것도 나쁘진 않지."

  오늘 하루종일 고생한 민혁 씨의 모습이 머릿속을 지나갔다.

하루 정도는 밀어내지 않는 편이 좋겠지. 민혁 씨의 고개가 내 쪽으로 기울어진 채로 지하철은 끝없이 달렸다.

"민혁 씨, 민혁 씨 일어나요. 곧 내려야 해요. 민혁 씨!"

"으어?"

"내려야 한다고요. 어서 일어나요. 다음 역에서 내려야 해요."

여전히 나의 어깨에 기대어 있는 민혁 씨를 살짝 쳐서 깨우고 나니 '으어' 하는 바보 같은 소리를 내며 눈을 뜬 민혁 씨.

"엇, 미안! 불편했지?"

나의 어깨에 기대어 있는 자신을 발견하고는 화들짝 놀라며 사과를 하는 민혁 씨의 모습을 보고는 살풋 웃으며 말했다.

"됐어요- 미안해하지 마요."

"무거웠을 텐데..."

"좀 무겁긴 했죠? 아! 지금 생각해보니 팔이 떨어진 것 같기도? 아이 아프다! 병원에 가야 할 것 같은데!"

"뭐라는 거야!"

"어어? 때린 거예요 지금? 아아 팔 또 떨어진다!"

오른쪽 어깨를 부여잡으며 장난으로 비명을 내지르자 주먹으로 내 어깨를 내리치는 민혁 씨. 우리는 그렇게 한참을 티격태격하다 지하철에서 내렸다.

지하철에 내려서도 우리의 투닥임은 멈추지 않았다. 왜일까, 여전히 불편하면서도 조금은 편해지는 기분이 든다. 증후군이 나아지고 있는 걸까? 이 남자와 거리낌 없이 장난을 치게 된다.

뭐 어찌 됐든,

나의 이 변화가 증후군이 낫고 있다는 신호이기를.

4

그날 소풍을 시작으로 우리는 가능한 시간마다 매일 만남을 유지했다. 자전거를 타고, 소풍을 가고, 영화를 보며 점점 추억을 쌓아갔다. 이렇게 계속 추억을 쌓다 보면 잊었던 기억이 떠오를지도 모르니까.

-기억 찾기 2일 차

"서연아 여기 팝콘."

"아, 네. 감사해요."

물론, 처음엔 그 만남이 무진장 싫었다.

"영화 재밌었다! 그치? 내가 영화 하나는 잘 고른다니까-?"

'서연이 내가 영화 하나는 잘 고르는 거 같다니까'

"윽..."

"왜 그래 서연아? 괜찮아? 서연아!"

"아, 아무것도... 아무것도 아니에요..."

"아무것도 아닌 게 아닌데... 얼굴이 사색이 됐잖아... 괜찮은 거야? 나 좀 봐봐 서연···."

'탁-'

"나한테... 손대지 마요."

자꾸 잊어버렸던 것 같은 기억이 떠올라서 괴로웠고, 이 사람이 나를 챙겨줄 때면 이유 없는 불쾌감이 온몸을 가득 감싸서 그 상황에서 도망치고 싶기도 했다.

-기억 찾기 5일 차

202X. 06. ○○
나: 민혁 씨 우리 오늘 몇 시에 만나는 거였죠?
민혁 씨: 11시
민혁 씨: 어라?
민혁 씨: 너 나 기억나? 진짜??

하지만 조금씩 시간이 흐를수록, 다음 날 아침 민혁 씨를 기억하는 것이 전보다 어렵지 않았고,

"저기... 서연아 잠시만."
"네?"

"아, 아니다. 머리에 뭐 묻어서 떼주려 했는데... 아무래도 아직 불편할 것 같아서. 이쪽에 묻었어."

"아..."

"불편하게 해서 미안…"

"안 불편한데."

"응?"

"안 불편하다고요. 이제."

민혁 씨의 어떠한 행동에도 불쾌한 기분이 들지 않았다. 조금씩 편해졌고, 조금씩 익숙해졌다.

-기억 찾기 10일째

조금씩 변해가는 나의 모습이 처음엔 많이 혼란스러웠다. 점차 민혁 씨를 미워하지 않는, 기억을 되찾아가는 나의 모습을 적응하기까지 꽤나 오랜 시간이 걸렸었다. 그러나 막상 적응하고 나니 이대로 증후군이 나아지는 건 아닐까 하는 희망을 가지고 있는 나 자신을 발견했다.

"민혁 씨!"

"서, 연아?"

"뭐야 왜 그렇게 놀라요?"

"아니... 그냥... 네가 이제 낯을 잘 안 가리길래."

"이젠 민혁 씨가 크게 불편하지 않거든요."

"정말이야?"

"제가 이런 걸로 거짓말할 사람 같아요?"

-기억 찾기 12일째

"그랬는데, 오늘도 교수님이 정예림만 칭찬하는 거 있죠? 그때 나도 옆에 있었는데! 참나, 도와줘봤자 소용이 없다니까요."

"어째 그 교수님은 맨날 걔 얘기만 하시는 거 같다? 너 얘기만 들어보면 그래! 걔를 왜 그렇게 좋아해?"

"내 얘기만 들어보면 그런 게 아니라 정말 그래요! 강의 시간에 절반은 그 얘기만 한다니까요. 정말... 맘에 안 든단 말이죠. 이러다가 나보다 걔 학점이 더 잘 나오면 어쩌냐구요..."

늦은 저녁에 만나서도 그날 대학교에서 무슨 일이 있었는지 이야기하느라 시간 가는 줄 모르고 수다를 떨었다.

-기억 찾기 17일째

"뭐야 서연이 너 겁나 느리네? 나 먼저 간다-!"

"아 천천히 가요 민혁 씨! 자전거 오랜만에 탄다니까 진짜!"

"오랜만에 타는 건 내가 신경 쓸 게 아니라서 말이지-"

"잡히면 가만 안 둬요!"

날씨가 좋은 날에는 함께 자전거를 타면서 신이 나게 달렸다. 그러다 힘이 들면 자전거를 한쪽에 세워놓고 아이스크림을 하나씩 입에 물고는 다시 수다를 떨었다.

-기억 찾기 18일째

쉬는 날이면 함께 만나 홍대나 서울 같은 곳에 놀러 가기도 했다. 사람이 많아 지하철에서 영혼이 빨려 나가는 기분이 들어도, 가는 길이 너무 멀어서 한참 동안 지루해도,

"민혁 씨, 나 잠깐 눈 좀 붙일 테니까 꼭 깨워줘요?"

"두고 내려달라는 거지?"

"장난해요?"

함께라면 버틸 수 있었다.

-기억 찾기 21일째

가끔은 이런 감정에 의문이 생기기도 했다. 이런 감정은, 연인끼리나 드는 감정이 아닌가? 좋아하는 사람과 함께 있을 때나 이런 감정이 생기지 않던가?

증후군이 낫는 방법은 아직까지 발견이 안 되었다고 했었다. 잊었던 사람과 자주 만나면 자연스레 낫는 건가? 그렇다면 이렇게 간단한 방법이 왜 아직까지 발견되지 않은 거지?

"서연아! 무슨 생각해 자꾸? 어서 가자."

생각이 많아질 때면 그런 나를 혼란 속에서 꺼내주던 사람이 바로 민혁 씨였다.

-기억 찾기 25일째

202X. 07. ○○

나: 잘 들어갔어요?

민혁 씨: 응 잘 들어갔어!

나: 매번 데려다주셔서 번거로울 텐데..

민혁 씨: 에이 뭘~ 그런 걸로 미안해하지 마!

나: 그럼... 나랑

나: 전화해줄래요?

민혁 씨: 전화?

나: 네

늦은 밤 이유도 없이 외로워지면 전화를 걸었다.

"여보세요."

"감동인데? 먼저 전화하자는 말도 다 하고."

"끊을게요."

"아아! 미안, 미안!"

불가능할 거라고 생각했던 것과는 다르게 민혁 씨는 나의 세상에 조금씩 피어났다. 씨앗을 심고, 싹이 피어나고, 꽃이 피어났다. 이제 곧 열매가 맺어질 차례인 것 같다.

-기억 찾기 30일째

"우와 바다다-"
"서연아 천천히! 그러다 넘어져!"
푸른 바다에 파도 소리가 귀에 꽂혔다.

"으이그- 바다가 그렇게 좋아?"
"저 바다 엄청 좋아한다구요."
힘차게 움직이는 파도를 한눈에 담으며 미소 지었다. 눈 앞에 펼쳐진 바다를 빤히 바라보고 있으니 민혁 씨가 나의 옆에 나란히 서서 함께 바다를 바라보았다.

꽤나 거리가 가까운 채로 나란히 바다를 바라보는 이 순간이 싫지 않았다. 또 기억이 사라지진 않을까 하는 두려움만 남아 있을 뿐이었다.

조용한 바닷가, 그 앞에 나란히 서 있는 둘. 남들은 우리를 커플이라고 생각할지도 모르지만 우리는 커플이 아니다. 기억을 더 이상 잃지는 않고 있지만 민혁 씨와 다정했던 과거는 아직도 떠오르지 않으니까. 아무리 열심히 노력해도 증후군 때문인지 우리의 과거는 머릿속에서 떠오르지 않는다.

"...민혁 씨."
"응?"
"왜 하는 거예요?"

"뭘 말이야?"

"내 기억 찾아주는 거 말이에요. 언제 내가 다시 민혁 씨를 기억하게 될지도 모르는 일이고, 어쩌면 평생 내가 민혁 씨를 기억하지 못 할지도 모르잖아요."

"…"

"…"

"네 말이 맞아. 언제 네가 나를 기억할지도 모르는 일이고, 네가 언젠가는… 나를 다시 새까맣게 잊을지도 모르지."

선선히 불어오는 바람에 머리가 살랑거리고 파도가 아까 전보다 더 많이 모래를 적셨다.

"근데 말야. 아무리 네가 나를 잊어도, 내 마음은 하나도 안 변하더라고. 네가 바다를 좋아하는 마음 같은 거야. 네가 처음 증후군이 걸렸다는 이야기를 들었을 때부터 지금까지… 널 좋아하는 마음이 식은 적은 한 번도 없었어."

"…"

민혁 씨의 솔직한 대답에 아무런 말도 할 수 없었다. 나만 이 남자를 피했구나. 이 남자는 정말 나한테 진심이었구나.

"난 아직도, 널 많이 좋아해."

우리의 꽃은 아직 시들지 않은 것 같다.

5

매일 지속적인 데이트를 한 지 며칠이나 지났는지 기억도 안 날 만큼 오랜 시간이 지난 어느 날. 오늘은 불꽃 축제를 보기로 한 날이다.

"민혁 씨!"
"서연아!"
"여기에요 여기!"

저녁 늦은 시간, 사람이 많이 모여 있는 광장으로 가 불꽃이 터지기만을 함께 기다렸다.

함께 불꽃을 기다리고 있으니 갑작스레 생각이 많아졌다.
'만약 민혁 씨가 없었다면... 나는 지금쯤 혼자 조용한 자취방에 누워서 휴대폰이나 하며 시간을 보내다 잠이 들었겠지.'

하지만 오늘 같은 날,
어둡고 깜깜한 밤하늘 아래, 나는 더이상 혼자가 아니었다.

"민혁 씨."

"응?"

"민혁 씨 덕분에 나... 혼자가 아니게 되었어요."

"갑자기 무슨 말이야?"

"매일 저녁 마다 혼자였어요. 자취방에 홀로 누워서 나의 증후군에 대해 곰곰이 생각 하다보면, 꼭 소설 속에 들어온 것 같았어요. 저주를 받고 외로워진 소설 속의 한 여자 주인공이요. 누가 준 건지도 모르는 파란 꽃들을 멍하니 바라보면서, 저주 같은 증후군에 대해 생각하는 일이 이상하리만큼 너무 외로웠어요. 원래 그런 사람이 아닌데 말이에요."

밤하늘에 공기는 답답하고, 사람들은 여전히 북적였다.

"그래요, 솔직히 민혁 씨가 정말 많이 싫었어요. 이유 없이 혐오하고 불편해한 것도 있었지만, 민혁 씨랑 함께 있으면 나의 안 좋은 과거들까지 떠오르려 해서 많이 두려웠어요. '이 남자가 내 삶의 나타나지만 않았어도... 난 매일 평범한 하루를 보내지 않았을까...' 하는 생각에 민혁 씨를 미워하기도 했었고요."

"...지금은?"

"지금은 좀 달라요. 민혁 씨가 나의 삶의 다시 꽃처럼 피어나 주었고, 나란 사람을 다시 피어나게 해주어서, 더는 외롭지 않아요. 민혁 씨 덕분에요. 왜 민혁 씨를 사랑했었는지, 망애증후군이 걸리고 왜 하필 민혁 씨를 잊어버렸는지 이제 알 것 같아요."

"이제라도 알았다니 다행이네."

"하지만, 아직 민혁 씨와 내가 알콩달콩하던 연인 시절에 기억은 내 머릿속에 하나도 남아 있지 않아요. 그래서 기억하려 더 노력했어요."

"..."

"근데 말이에요, 이대로도... 나쁘지 않은 것 같아요."

"어째서?"

"이제 더 이상... 민혁 씨가 싫지 않으니까요."

증후군이 생기고 과거의 안 좋은 기억이 떠오르는 게 너무 두려워서, 무섭고 겁이 나서, 민혁 씨가 이유 없이 불편해서. 민혁 씨와 함께 하는 것이 너무나도 싫었다. 솔직히 지금도 불편하지 않다고 하면 거짓말이다.

민혁 씨와 함께 하는 매일이 불편했다. 하지만 이 불편함의 원인이 환청과 환각 따위의 것들이라면 더 이상 불편해할 이유도, 두려워할 이유도 없다. 더 이상 환청, 환각 따위의 것들이 나를 괴롭히지 않으니까. 나도 이젠 민혁 씨를 불편해하지 않을 것이다.

"그래도 하나만 기대해봐도 돼?"

"어떤걸요?"

나를 빤히 바라보던 민혁 씨는 하늘을 멍하니 쳐다보았다.

"네가 언젠가 과거의 기억까지 찾아서... '민혁아.' 하고 나를 불러주는 거 말이야. 기대해도 돼?"

사람들의 북적거림에도 민혁 씨의 목소리 그 하나만이 나의 귓가에 울려 퍼졌다. 꼭 간절히 이뤄지기를 바라는 소원을 말하는 듯한 민혁 씨의 목소리가 저 하늘에 닿기를 바라자,

'휘이잉- 팡!'

불꽃 축제가 시작되었다. 작은 불꽃 하나가 하늘에 피어나자 곧바로 까맣던 밤하늘은 오색 빛의 불꽃으로 환하게 물들여지기 시작했다. '휘이, 팡' 하는 불꽃들의 목소리의 사람들은 일제히 하늘로 시선을 옮겼다. 만일, 저 하늘에 그의 소원이 닿지 못했다면 그 소원은 어디로 사라졌을까 하는 생각을 하다 하늘을 보았다. 하늘에서 퍼지는 불꽃들이 꼭 길가에 피어난 꽃 같았다.

"...꼭 우리의 과거까지도 잊지 않을게."

"…민혁아."

연인 시절의 우리를 떠올릴 수 있게 해달라는 나의 소원은 어디에도 닿지 못했지만, 하늘에 닿지 못한 그의 소원은 저 불꽃이 아닌 나에게 닿을 수 있었다. 여전히 하늘은 불꽃에 의해 환하게 빛나고, 나의 손은 누군가로 인해 부드럽고 따뜻했다.

그날 여름밤, 우리는 꽃과 함께 찬란히 피어났다.

6

매일 시간이 날 때마다 그 남자를 만나다 보니 문제가 하나 생겨버렸다. 그건 바로, 체력소모가 커서 학교에 가는 길이 너무 피곤하다는 거다. 아침 일찍 일명 '지옥철'을 타고 사람들 틈에 치여 겨우겨우 강의실에 도착해 책상에 엎드리는 것은 어느새 나의 일상이 되었다.

책상에 엎드린 채로 몇 분이 지났을까 시간이 된 건지 교수님이 들어오는 소리가 들렸고, 교수님이 출석을 하나하나 부르기 시작하자 나는 고개를 들어 교수님을 바라보았다.

"이서연."

"넵."

"정예림."

"네."

내 이름이 불리고 바로 다음 이름이 불렸을 때 나는 그 대답이 들리는 방향을 쳐다보았다. 그다지 반갑지 않은 이름이었기에 좋지 않은 표정으로 쳐다보기는 했지만.

그럴 만도 한 게 방금 불린 정예림은 나와 사이가 매우 안 좋은 사람 중 한 명이다. 물론 처음부터 사이가 안 좋았던 것은 아니다. 고등학교 1학년 때 친해졌던 고등학교 동창이고 가장 가까이 지낸 친구 중 한 명이며, 같은 대학에 나와서 우정이 틀어질 일이 없었으니까. 그런데 왜인지 대학교에 올라와서 사이가 멀어져 버렸다. 좀 많이 의문이 드는 건 어쩌다 예림이와 내가 멀어지게 된 것인지 이유를 모르겠다는 것이다.

"정예림 학생이 또 저번 주에 교수님을 도와준 적이 있죠? 아직까지도 이렇게 마음씨 착한 학생이 있으니까 사회가…."
'참나... 또 시작이네. 저게 뭐가 그리 잘났다고...'
이유는 잘 모르겠지만 이렇게까지 싫은 거 보면 분명 그냥 멀어진 것은 아닐 거다. 애시당초 사람을 그냥 싫어하지는 않으니까. 무슨 일이 있었던 것 같은데 어쩌다가 멀어졌더라? 크게 한 번 싸운 적이 있던가?

'남들 잘 못 믿는 사람이랑은 나도 친구 하고 싶지 않네.'
'의심 많고, 사람도 못 믿고, 그러니까 네가 늘 혼자인 거야.'

가끔 이런 기억이 떠올리는 걸 보면 분명 크게 싸웠던 건 맞는 것 같다. 멀어진 이유를 까먹었을 리 없는데... 왜 잊어버린 거지? 내가 무언가를 갑작스레 잊어버리는 건….
그 남자와 관련된 것뿐이다. 그 남자랑 정예림이 무슨 관련이라도 있는 건가? 아무리 생각해도 이유는 그것뿐이다. 다른 이유는 없다.

'그나저나... 생각해보니까 뭐? 그러니까 늘 혼자라고? 누가 혼자라는 거야? 있는 거라곤 교수님 칭찬밖에 없는 놈이! 참나... 나한테는 그 남자가 있다고.'

평소라면 이런 기억에도 크게 상처받았겠지만 더 이상 상처도 받지 않았다. 난 혼자가 아니었으니까. 그런 시답잖은 말에 상처받을 이유가 없었다.

뭐 무튼간에 그 남자와 내일 만나기로 했으니, 내일 만나면 정예림에 대해 물어보는 편이 좋을 것 같다.

"여보세요?"

"서연아, 오늘도 늦게 나오면 안 된다?"

분명히 그러려고 했다.

"저기..."

"응?"

분명 그랬는데.

"누구...세요?"

왜 다시 기억이 나질 않는 거지?

분명 요즘 아침마다 무언가를 까먹지 않아 기뻤던 기억이 있는데. 대체 뭘 까먹지 않아서 기뻤던 거지?

'덕분에 나... 혼자가 아니게 되었어요.'

'내가 언젠가 기억을 찾아서...'
'꼭 우리의 과거까지도 잊지 않을게.'

분명 외롭지 않았는데, 분명 혼자가 아니였는데.

내가 까먹은 사람은 누구지? 난 최근 한 달 동안 누굴 계속 만났었지? 누구와 함께 불꽃놀이를 갔었지?

"아, 아아! 뭐야, 아침부터 장난치는 거지? 재미 없다니ㄲ….."

"장난... 아니에요."

"...일단 만날까? 만나서 얘기하자."

혼란스러움을 뒤로하고 우선 나에게 전화를 한 이 남자와 만나보기로 했다.

'왜 내 말을 못 믿는 거야?'
'넌 한 번이라도 날 믿은 적 있기는 해?'
'내가 그러니까 혼자인 거야'
'내 말 좀 들어봐!'

들기 싫은 환청이 삐 소리와 함께 나의 귓속을 돌아다녔다. 한동안 안 들려서 까맣게 잊고 살았는데, 갑자기 여러 환청이 나를 몰아붙이듯 귓가에 울려 퍼졌다. 귀를 찌르는 듯한 환청이 멈추지 않았다. 듣기 싫어... 듣고 싶지 않아...

'또 까먹은 거야? 싫어한다고 했잖아-'
'하여튼 자꾸 그렇게 다 귀찮아해서 뭘 하려고 그래-?'
'그래도 나만큼은 잊어버리면 안 된다?'

누구지? 누굴 잊어버린 거지? 내가 잊어버린 그 사람은 도대체 누구지? 환청에 시달려 집 밖을 쉽게 나서지 못했다.

정신을 차리지도 못하고 생각 없이 집 밖을 나와서 길을 걸었다. 목적지는 없었다. 그냥 걷고 또 걸었다, 발걸음이 가는 대로.

한참을 걷다 고개를 들었을 땐 어떤 남자가 나를 빤히 쳐다보고 있었다. 얼굴을 봐도, 목소리를 들어도 기억이 나지 않는다. 이 사람 누구더라...? 몇 분의 정적 끝에 직감적으로 느낄 수 있었다. 내가 잊어버린 것 같은 그 남자가 지금 내 앞에 이 남자인 것 같다고.

서로 당황스러움을 넘어 혼란스러운 표정으로 쳐다보던 우리는 한참을 가만히 서서 쳐다만 볼 뿐 아무것도 할 수 없었다. 무슨 이야기를 먼저 꺼내야 할지 몰라서, 어떤 걸 먼저 물어봐야 할지 가늠조차 되지 않아서. 그러다 정적을 깬 것은 그 남자의 한숨이었다.

"하... 기억이 안 난다고? 어째서? 아니 우선, 어디까지 기억나는 건데? 내가 누군지는 기억나? 내 이름, 내 얼굴! 언제부터 기억이 안 난 건데? 도대체 왜 또 잊어버리게 된 건데!"

"잠시만요! 좀 진정해요! 오히려 묻고 싶은 건 나라고요. 당신 나랑 무슨 사이에요? 무슨 사이길래 우리 이렇게나 자주 만났던 거에요? 왜 당신이 기억나다가 마는 건데요? 나랑 아는 사이 맞죠? 도대체 나한테 무슨 일이 있었던 거에요?"

"…"

"…"

"하아…"

우리는 어디서부터 이야기를 해야 할지 앞길이 막막해져 동시에 한숨을 내쉬었다. 할 이야기가 너무 많아서 조금 막막해지는 기분이 들었던 우리는 하나씩 천천히 이야기해보려 함께 카페로 향해 보았지만, 하필 오늘 같은 날에 카페에 사정이 생겨서 운영을 하지 않는다.

"정말 되는 일 하나 없네…"

"…"

"어쩌지…"

"…우리 집이라도 갈래요?"

"응? 가도 상관없어?"

"여기서 우리 집 얼마 걸리지도 않는데, 집 가서 빨리 얘기하는 게 좋지 않겠어요?"

"…가자."

그 말을 끝으로 우리는 말 없이 무겁게 발걸음을 옮겼다.

7

    최근 한 달 동안 계속 만나면서 드디어 증후군이 낫는 건가... 했던 기대와는 다르게 서연이는 또다시 나를 잊어버렸다.

'...민혁아.'

    내 이름을 부르던 그 따뜻한 목소리가, 내 손에 아직까지도 남아 있는 따뜻한 온기가 생생하게 기억이 난다.

    바다 앞에서 함께 나눴던 대화가, 어두운 밤하늘 아래에서 서로 나누었던 진심이. 서연이의 머릿속에선 전부 다 사라졌다.

    '꿈 일 리 없잖아... 나를 잊었을 리 없잖아... 이제야 나를 기억하고 있는데... 이제야 나를 잊지 않기 시작했는데... 이제야 서연이와 내가, 같은 마음이게 됐는데...'

    이보다 더 절망적일 수는 없었다. 겨우 기억을 찾아가던 사람에게서 다시 기억을 빼앗아 가다니, 도대체 어째서? 이게 희망 고문이 아니면 무엇이겠는가.

    흥분을 가라앉히고 서연이의 제안으로 서연이 집에 가 어떻게 된 일인지 이야기를 하기로 한 뒤, 집에 도착하자마자 증후군이 걸린 서연이를 처음 만났을 때처럼. 증후군 이야기부터, 우리가 어떤 사이였는지 까지. 하나하나 전부 다 이야기해주었다.

"…내가 해줄 설명은 끝났어. 어때? 궁금증이 좀 해결됐어?"

"얼추 해결됐네요. 뭐 저도 말하자면... 그쪽 얼굴이랑 이름, 목소리 같은 거 하나도 기억 안 나요. 전에 누군가를 자주 만나면서 아침마다 즐거워했던 기억이 있기는 한데. 그게 아마 그쪽이겠죠?"

서연이의 상태는 처음 증후군이 걸렸을 때와 똑같았다. 나의 존재를 자신의 세상 속에서 전부 지워버린 그런 상태. 너의 세상에 내가 다시 피어날 수 있을 거라 생각했는데.. 여름의 햇살이 너무나 뜨거워 꽃이 말라 가는 걸 눈치채지 못했다.

"또 궁금한 거 있어요?"

"있기야 하지..."

"내가 갑자기 왜 본인을 잊었는지가 궁금한 거 아니에요?"

"그것도 맞지만 사실 제일 의문이 드는 건... 하나밖에 없지. 네가 증후군이 생긴 이유."

"...그건 저도 마찬가지네요."

저주와도 같은 서연이의 증후군이 갑작스레 찾아온 이유. 하루하루 지쳐가던 우리가 궁금했던 것은 그거 하나뿐이다.

"우선... 뭐라도 마시면서 얘기해요. 음료수 가져다줄게요."

"안 그래도 되는데... 고마워."

음료수를 가지러 주방으로 간 서연이의 뒷모습을 바라보다 천천히 고개를 돌려 집 안을 둘러보기 시작했다.

서연이와 한참 연애를 할 때 서연이가 좋아해서 내가 자주 사주었던 꽃들이 물병에 이쁘게 꽂혀있고, 우리가 함께 찍었던 사진이 들어있는 작은 앨범은 책꽂이에 고스란히 꽂혀있었다. 집 안을 둘러봐도 우리의 흔적이 가득한데 너의 세상엔 우리의 흔적이 남아 있지 않다는 사실이 나의 마음을 아프게 했다. 괜스레 울적해지는 기분에 다른 곳으로 고개를 돌렸을까.

"어?"

의자 밑 좁은 틈에 무언가가 있는 것을 발견하였다. 무슨 생각으로 그런지는 몰라도 한참을 쳐다보다가 의자 밑으로 힘겹게 손을 넣어 틈 사이 물건을 꺼낸 뒤 확인을 했을 때, 약통이 한 개 들어있었다.

'약통이네... 잠시만, 약?'

그 순간 갑작스레 예전에 기억들이 떠오르기 시작했다.

'약이요. 바닥에 약들이 엄청나게 나뒹굴고 있었어요.'

'바닥에 약이 여기저기 굴러다니는... 그런 장면이 머릿속을 떠나지 않아요. 이게 증후군이랑 무언가 관련이 있는 걸까요?'

"저기, 서, 서연아. 네가 그... 약이 바닥에 굴러떨어져 있는... 그런 환각이 보인다고 했지..?"

"그걸 얘기했었나요? 음... 제가 말을 했었으니까 그쪽이 알고 있는 거겠죠? 맞아요. 근데 갑자기 그런 건 왜 묻는 거예요?"

그런 대답을 듣고 나는 혹시나 하는 마음에 서연이의 물음에는 대답도 하지 않고 곧장 휴대폰을 들어 전화를 걸었다. 몇 번의 연결음이 가는 동안 왜인지 긴장되는 마음에 숨을 급히 몰아쉬었다.

"여보세요?"

"어 서윤아, 오빠야. 네가 저번에 서연이 쓰러진 날 뭔가 이상한 게 있었다면서 해준 말 있잖아..."

나의 조심스러운 질문에 돌아온 서윤이의 대답은 상상 이상으로 황당한 대답이었다.

"...오빠."

"응?"

"말... 안 하고 숨겨서 미안해요."

"뭐, 뭐를?"

"언니가 쓰러진 이유... 사실 알고 있어요."

나는 그렇게 이 통화를 끝으로 모든 상황을 이해해버리고 말았다. 서연이와 서윤이가 언급했던 약의 정체와 망애증후군의 증상이 아님에도 서연이가 나를 혐오했던 이유.

서연이가 망애증후근이 생겨버린 이유를.

"과다복용으로 쓰러졌어요. **수면제 과다복용.**"

그날 저물어버린 꽃

1

"과다복용이라니? 그게 무슨 소리야?"

처음엔 믿을 수 없었다.

수면제 과다복용이라니 말도 안 되잖아.

"말 그대로예요. 수면제를 너무 많이 먹어서 쓰러졌어요."

"왜... 왜 말 안 해준 거야? 나한테 안 알려 줄 이유는 없다고 네 입으로 그랬잖아!"

"저기, 무슨 일이에요? 서윤이라면... 내 여동생이랑 전화 중인 거예요? 약이라는 둥 과다복용이라는 둥... 그건 다 뭔데요?"

"하, 이 와중에 우리 언니랑 같이 있는 거야..? 정말 안 알려줄 이유가 없다고 생각해요?"

"...뭐?"

"잘 기억해봐요. 언니가 쓰러지기 전 마지막 싸움. 그 싸움의 원인이 뭐였는지, 싸움의 원인이 누구였는지."

마지막 싸움..?

기억나지 않는다. 무엇 때문에 우리의 세상이 이렇게 처참히 무너지게 됐는지 도무지 생각나지 않는다.

"설마 기억 안 나요? 언니한테 그렇게 상처를 줘놓고? 어이가 없어서 정말... 다시 기억해주기를 바라는 마음? 이제 와서 언니한테 진심이었던 척하지 말아요."

"제발 화만 내지 말고 제대로 말해줄래?"

단단히 화가 난 건지 나를 밀어붙이는 서윤이의 태도에 답답해지는 건 이쪽도 마찬가지였다. 자매끼리 참 비슷하기도 하지. 남 말은 듣지도 않고, 말할 틈조차 주지 않고 멋대로 몰아붙이는 태도.

"정예림. 그 사람이랑 무슨 사이에요?"

"무슨 사이냐니? 그냥 서연이 친구여서 알고 있는 정도야."

"아무 사이가 아니다? 그럼 그 아무 사이도 아닌 사람이랑 주말에 백화점은 왜 간 건데요?"

"백화점?"

"백화점... 그거였구나?"

조용히 나와 서윤이의 통화내용을 듣던 서연이가 갑작스레 입을 열고는 조용히 중얼거렸다.

"뭐라고 서연아?"

"그 뭣 같은 기억이, 다시 떠올랐어."

"뭣 같은, 기억?"

"증후군의 증상이 아닌데도 내가 당신이랑 정예림을 이유 없이 싫어했던 이유. 이제 기억났다고 전부다."

나를 바라보는 서연이의 두 눈에는 배신감이 가득 차 있었다. 며칠 전, 화려한 불꽃 밑에서 나를 바라보던 서연이의 표정과는 정반대였다.

"5월쯤에, 나한테는 약속이 있다는 둥 어쩐다는 둥 온갖 핑계를 다 대더니, 정예림이랑 같이 백화점에 갔었지? 그걸 꼴사납게 서윤이한테 들켜선... 오해라고, 들어보라고 나한테 애걸복걸했잖아."

아, 기억났다. 드디어 모든 퍼즐이 맞춰졌다. 서연이가 나에게 그토록 화를 냈던 이유와, 그토록 궁금했던 서연이가 증후군에 걸린 이유. 그랬구나. 그래서 나를 이유 없이 미워했구나.

"아니면 여자친구랑 뭐 최근에 크게 싸웠다든지..."
"싸우고 나서 심한 충격을 받았거나 잊혀지지 않을 정도로 험악한 기억으로 남게 되었다면 기절과 동시에 망애증후군이 생겼을 수도 있으니까 잘 생각해보세요."

그래서 네가 날 잊은 거구나.

2

약속이 있어서 못 만난다는 민혁이의 연락을 받고 집에서 휴대폰을 하며 누워있던 어느 날.

'지잉 –'

내가 자취를 하기 시작하며 평소 연락을 잘 하지 않던 서윤이에게 갑작스런 전화가 왔다.

"여보세요?"

"네가 웬일로 전화를 해? 살아있는지 확인 전화 하는 거야?"

"그게 아니고... 민혁이 오빠가..."

"응? 민혁이가 왜?"

"오빠... 예림이 언니랑 있는데?"

"뭐? 무슨 소리야. 거짓말하지 마."

"거짓말 아니야! 방금 예림이 언니랑 단둘이 백화점 들어가는 거 내가 두 눈으로 똑똑히 봤다고!"

"아니야... 그럴 리가 없잖아..."

그 이야기를 들은 뒤, 나는 전화를 끊고 곧장 민혁이의 집 앞으로 향했다. 햇살이 아무리 뜨거워도 상관없었다. 그저 민혁이가 오기만을 기다렸다.

그 후 얼마 지나지 않아 민혁이는 집 앞에 서 있는 나를 보고는 당황한 표정으로 나에게 달려왔다.

"서연아! 너 왜 여기 있어? 오늘 약속 있다고 했잖….."

"약속? 누구랑 약속 있었는데?"

"어, 그게... 그러니까..."

"예림이랑 백화점 가서 쇼핑하니까 좋았어?"

"네가, 그걸 어떻게..."

"내 친구랑 단둘이 백화점 가서 쇼핑하고 오니까 재밌었냐고. 내가 묻잖아 지금."

"아니 서연아, 네가 지금 뭔가 단단히 오해를 하고 있는 것 같은데... 예림이랑 나 아무 사이도 아니고..."

"그러니까 아무 사이도 아닌 애랑 백화점을 왜 가냐고!"

변명만 하는 민혁이의 태도에 화가 났다.

"더 이상 말 들을 가치도 없다... 우리 시간 좀 갖자 민혁아."

"잠시만 서연아! 오해 라니까! 내 말 좀 들어봐!"

"오해? 웃기지도 않아."

"하... 정말 왜 이래 짜증 나게..."

"뭐? 짜증?"

그렇게 우리의 단순한 다툼은 심한 말싸움으로 이어졌다.

"네가 어떻게 나한테 그래!"

"전부 오해라고! 내 말 못 믿어?"

"너 같으면 그 말을 믿을 수 있을 것 같아?"

"못 믿을 이유도 없지! 왜 못 믿는 건데?"

"네가 예림이랑 단둘이 백화점 갔잖아!"

"하... 간 건 맞는데... 오해가 있다니까?"

"여기서 내가 뭘 오해했는데! 둘이 백화점 간 거 맞다며!"

잠깐의 정적이 흐르고, 민혁이는 고개를 푹 숙이고 말했다.

"...더 말할 힘도 없다. 갈게."

그 말을 끝으로 민혁이는 나의 시야에서 점차 사라졌다. 그런 민혁이가 너무 미워서 사라지는 뒷모습 따위 쳐다보지 않았다.

"야 정예림, 너 오늘 민혁이 만났지."

그 후, 집 안으로 들어와서는 예림이에게 전화를 걸었다.

"모르는 척 넘어갈 생각 하지 마. 내 동생이 너네 둘이서 백화점 들어가는 거 봤다고 얘기 해줬어."

"야, 그거... 하... 그거 김민혁이 너 선물 골라 달라고 해서…"

"하, 선물? 둘 다 나를 그냥 호구로 아는구나?"

"야 이서연. 너 설마... 못 믿는 거야?"

"남의 남친이나 뺏으려는 친구도 아닌 놈 말을 내가 굳이 왜 믿어야 하는데?"

"친구도 아니야..? 어이가 없어서 정말... 그래, 남들 잘 못 믿는 사람이랑은 나도 친구 하고 싶지 않네. 의심 많고, 사람도 못 믿고, 그러니까 네가 늘 혼자인 거야."

그렇게 가시 섞인 말이 심장을 가득 찌른 채 전화가 끊겼다. 배신자들... 생일도 지났고, 기념일도 한참이나 남았는데 선물은 무슨 선물? 거짓말도 성의껏 해야지... 나는 그렇게 배신감을 이기지 못하고 그대로 침대에 누워 한참을 눈물만 흘렸다.

모두가 잠든 밤, 달빛이 창문을 통해 들어오는 늦은 저녁. 어둡고 캄캄한 방에 홀로 누워서는 잠에 들지 못하고 있다.
'왜 정예림이랑 백화점에 간 걸까? 걔는 도대체 뭐가 그리 억울했을까? 왜 하필 나랑 제일 친했던 정예림이었을까?'
나를 두고 예림이와 백화점에 간 이유가 무엇인지, 왜 하필 내 친구여야만 했는지, 아무런 사이도 아니라면 나한테 왜 숨겼는지 의문투성이였다.

새벽이 지나고, 아침이 와도, 며칠이 지나도 잠에 들지 못했다. 잠을 자려 눈을 감으면 예림이와 민혁이가 다정히 손을 잡고 웃는 모습이 멋대로 머릿속에 그려졌다. 자고 싶었지만, 잘 수 없었다. 생각이 복잡해져서, 그 두 명에게 남은 배신감 때문에 잠이 오지 않아서 졸려도, 잠을 잘 수가 없었다.

그렇게 매일 밤을 눈물로 지새우던 난 결국, 작은 서랍을 열어 가장 깊은 곳에 숨겨두었던 약통을 꺼내 들었다. 몇 년 전 불면증 진단을 받고 잠시 먹었던 약이다. 지금 이 상태로는 깨어 있는 것이 더욱 괴롭고 고통스러웠다.

눈을 질끈 감고 약통에 있는 약을 정신없이 입안에 모두 털어놓았다. 바닥에 약이 투두둑 하는 소리를 내며 조금씩 떨어졌지만 내 입에 들어간 약에 비하면 떨어진 약은 아무것도 아니었다. 그렇게 입에 들어간 약을 모조리 삼켜버렸다.

많은 약들이 목구멍을 타고 굴러 내려가는 느낌이 들고 동시에 눈이 점점 감기기 시작했다. 아프고 괴롭다. 숨이 턱턱 막히며 몸에 힘이 빠지고, 점점 정신이 희미해진다.

'차라리, 이대로 영원히 잠들기를...'

3

"민혁아! 미안... 많이 기다렸어?"

"응? 아니야! 나도 방금 왔어!"

"그러기엔 땀이 너무 많이 났는데..."

"에이, 오는 길이 너무 더워서 그런 거지."

"흐음..."

"정말이야. 오늘은 우리 어디 갈까?"

여전히 뜨거운 5월의 여름, 남들처럼 데이트를 하고, 서로 사랑한다는 말을 아끼지 않는, 그런 흔한 연인이었던 우리. 서로를 우선순위로 생각해서 거의 싸우는 일도 없었다.

물론, 완전히 싸우지 않은 것은 아니다. 전에 이야기했듯이 귀찮다고 생각이 들면 노력 따위 하지 않는 서연이와 그런 행동을 별로 좋아하지 않는 나였기에 우린 서로를 이해할 수 없어 자주 투닥이고는 했다. 하지만, 그것을 제외하고는 잘 싸울 일이 없어서 거의 싸우지 않았다.

우리는 크게 싸우는 일이 없을 줄 알았다. 분명 그렇게 굳건히 믿어왔다. 하지만, 어느 날 일이 하나 터졌다.

우선, 앞서 말했던 서연이의 말 중 틀린 말은 없다. 서연이에 게 약속이 있다고 이야기한 뒤 예림이와 만나 백화점에 간 것은 맞다. 하지만, 그날의 이야기 중 많은 이야기가 서연이에겐 닿지 못했다.

"서연아, 넌 뭐 좋아하는 거 없어?"
"응? 좋아하는 거?"
"뭐 향수나... 옷, 화장품이나 악세서리 같은 것들 있잖아."
"음... 딱히 없는데. 왜?"
"아, 아무것도 아니야!"
서연이에게 깜짝 선물을 해주고 싶었지만, 아직 서연이가 무엇을 좋아하는지 정확히 알지 못했다. 하지만 서연이에게 은근슬쩍 물어보아도 대답을 듣지 못했고, 결국 서연이가 가장 친한 친구라고 소개해주던 예림이에게 부탁하여 도움을 받게 되었다. 물론 서연이에겐 약속이 있다는 사실만 이야기한 뒤 예림이를 몰래 만났다. 서프라이즈 선물이었으니까.

예림이는 확실히 서연이와 가장 친한 친구였던 만큼 서연이가 무엇을 좋아하는지 잘 알고 있었고, 그렇게 예림이와 함께 서연이의 선물을 사러 백화점으로 향했다.

그렇게 한참 예림이와 백화점을 돌아다니다가 서연이가 평소 가지고 싶어 했던 가방을 결제해 곧바로 예림이와 헤어지고 각자의 집으로 향했다. 집 앞에 서연이가 화가 난 표정으로 나를 기다리고 있을 것이라고는 상상도 못 한 채 말이다.

"서연아! 너 왜 여기 있어? 오늘 약속 있다고 했잖…"
"약속? 누구랑 약속 있었는데?"
단단히 화가 나 보이는 서연이에게 횡설수설 상황을 설명해 보았지만, 서연이는 나의 말을 들을 생각이 없어 보였다.

"제발 내 말 좀 들어주면 안 돼?"
"내가 더 들어야 하는 말이 뭐가 있는데?"
"하… 제발 서연아… 왜 내 말을 못 믿는 거야?"
"어떻게 믿어 그걸."
"넌 한 번이라도 날 믿은 적 있기는 해?"
무작정 나를 몰아붙이는 서연이의 태도에 점점 화가 났다. 왜 나를 믿어주려고 하지 않는 건지, 나의 이야기를 들어주려는 시늉조차도 하지 않는 건지, 우리의 신뢰가 이 정도밖에 안 됐던 건지… 오히려 배신감이 드는 건 나였다.

서프라이즈 선물이라고, 예림이에게 도움만 받았을 뿐이라고, 오해하게 해서 미안하다고. 하고 싶은 말이 정말 많았지만 입을 열 틈조차 주지 않았다.
'그냥 내가 직접 고를걸… 혼자 더 생각해 볼걸.. 아니 그냥 서프라이즈 자체를 계획하지 말걸…' 모든 것이 다 후회됐다.

그날 순간의 싸움으로 우리는 자연스레 멀어졌다. 연락을 안 한 지 며칠이 지났는지, 안 만난 지가 며칠째 인지 셀 수도 없을 만큼. 서연이는 여전히 나의 말을 들을 생각이 없는지, 나의 연락을 받지 않는다.

그렇게 며칠 뒤에 서연이가 쓰러져 병원에 실려 가거나 망애 증후군이 걸릴 거라고는 아무도 예상하지 못했지만 말이다.

4

"언니가 쓰러진 건... 오빠 때문이에요. 한동안 언니가 얼마나 힘들어했는데... 그것도 모르고 갑자기 찾아와서는, 언니가 자기를 기억 못 하니까 도와달라는 그런 엽치 없는 부탁이나 하고. 오빠가 그러고도 사람이에요?"
"글쎄 오해 라니까... 제발 내 말 좀 들어줘."
휴대폰 너머에선 계속해서 치가 떨리고 있는 듯한 목소리가 들려왔다. 온몸이 분노로 감싸진 듯한, 그런 목소리.

"우선 진정해 서윤아. 그날 내가 예림이를 만난 건, 서연이 선물을 사주고 싶었는데, 뭘 좋아할지 몰라서 내가 예림이한테 부탁했던 거야. 이제 이해하겠어?"

 "하, 선물? 그때 정예림이나, 지금 당신이나... 선물은 도대체 무슨 선물? 둘이 들키면 그렇게 말하기로 약속이라도 했나?"

 여전히 서연이는 나를 믿지 못했다.

 "하... 그게 아니라! 너한테 서프라이즈 선물해 주려고 그랬다고. 나랑 사귀어주는 게 고마워서 깜짝 선물해 주려 했다고. 내 말 알아들어?"

 나의 한마디에 쉼 없이 쏘아붙이던 목소리들이 잠잠해졌다.

 "그럼 그때 그렇게 말을 했어야지! 사람 오해하게 만들어놓고... 이제 와서 해명하면 어쩌자는 거야? 난 이미 그날 싸움 때문에 증후군이 생겼잖아!"

 하지만, 서연이는 아직 화를 가라앉히지 못했다. 처음엔 서연이를 진정시키려 했지만 이제 점점 화가 나기 시작했다.

 "...그러는 넌?"

 "...뭐?"

 "넌 이제 와서 어떡하자는 건데..."

 여름이어서 였을까, 해가 너무 뜨거워서였을까. 속 안에 무언가가 부글부글 끓는듯한 느낌이 들었고, 나는 결국 그 여름의 뜨거움을 참지 못했다.

"너야말로 노력 부족 아니야? 입원했을 때 가장 열심히 간호해준 것도 나고, 퇴원 후에 혹여나 힘들까 봐 기억 찾게끔 도와준 것도 나였어. 애시당초 그날 싸운 거? 해명하려고 몇 번이고 입을 열었는데 말할 틈조차 안 줬잖아. 그래놓고 이제 와서 해명하면 어쩌자는 거냐고? 내가 하고 싶은 말이지 그건!"

"저기, 진정... 하고..."

"진정? 웃겨. 내가 언제까지 참아야 하는데?"

함께 피워냈던 꽃이 조금씩 시들어가고 있다.

"기억 찾아주려고 내가 얼마나 노력했는데! 이제 드디어 기억 찾고 행복해질 수 있다고 생각했는데... 하루아침에 나를 다시 잊어서는 갑자기 우리가 싸웠던 기억만 떠올리고 나한테 따지고 들고! 나보고 어떡하라는 건데 대체!"

화려하게 피어났던 꽃잎이 한 잎, 두 잎. 떨어지기 시작했다.

"노력 따위 하지도 않고 감정대로 굴었으면서! 날 기억하려는 노력조차도 하지 않았잖아! 그러니까 그 망할 증후군이 안 낫는 거야! 알아들어?"

내 말을 끝으로, 어두운 정적만이 흘렀다. 뜨거운 여름이었는데도 불구하고 방안은 차가웠다. 전화는 언제 끊어진 건지, 휴대폰 너머도 조용했다. 조용한 분위기에 내가 너무 화를 냈나 싶어 진정하려던 참에 서연이가 갑자기 입을 열었다.

"당신이 먼저... 내 앞에 나타났잖아요."

"뭐라고?"

"당신이 먼저 자기 모르냐는 둥, 자기 누군지 기억나냐는 둥 갑자기 나타나서는 나한테 말 걸었잖아요! 당신이 나에게 말을 걸지 않았다면! 나는 그냥 당신 잊은 채로 평범하게 살았을 테고, 당신도 그냥 당신 삶 살았을 거야."

"그럼... 내가 너의 삶의 나타나면 안 됐던 거야?"

"네. 당신이 내 인생에 나타나서는 안 됐어요."

며칠 전 나에게 말해주었던 서연이의 진심과, 지금 서연이의 진심이 너무나도 극명하게 달라서 더 혼란스러워졌다. 무엇이 너의 진심이었을까.

"당신이 내 삶의 나타나고 나서부터, 내가 점점 더 비참해지는 기분이야..."

"...그 말, 진심이야?"

"진심이에요."

"..."

"그러니까... 당장, 꺼져."

그런 말을 하는 서연이의 모습은 그날 우리의 싸움 때 보다 더욱 차가운 표정이었다. 방안은 더욱더 서늘한 공기만이 흘렀다. 나를 차갑게 바라보던 서연이는 눈물을 글썽이다가 고개를 숙였다. 꺼지라는 서연이의 말에도 쉽사리 밖을 나갈 수 없었다. 어떻게 해야 하나 한참 서연이만 바라보고 있으니 땅만 보던 서연이는 터덜터덜 자신의 선반으로 걸어갔다.

그런 서연이를 멍하니 바라만 보았을까 서연이는 선반 위에 올려진 꽃병 하나를 높이 들고는 바닥으로 내리쳤다.

'쨍그랑!'

귀가 찢어지는 듯한 유리 소리와 함께 꽃병의 작은 파편들이 바닥에 퍼졌다. 꽃이 시들지 않도록 해주던 꽃병 속 물은 바닥에 흐르기 시작했고, 물 위로 내가 선물해 주었던 파란 꽃들이 마치 시든 꽃처럼 힘없이 둥둥 떠다녔다.

"너 지금 뭐 하는…!"
"꺼지라고!"
"…"
"내 눈앞에 띄지 말고… 당장 꺼져…"

잠깐의 정적이 흐르고, 나는 말 없이 신발장으로 향했다. 신발을 신고는 문손잡이를 잡고 한참을 머뭇거리다 입을 열었다.
"네 말대로… 꺼져줄게."
그렇게 나는 서연이의 집에서 나왔다.

진심이 아니었는데, 그냥 속상해서 뱉은 말이었는데. 거짓 섞인 말이 서연이의 가슴에 꽂혀버렸다. 상처받았을 서연이를 생각하니 내가 뱉었던 말들이 전부 후회가 되기 시작했다.

천천히 집으로 향하는 발걸음이 너무나도 무거웠다.
한 달 전에 행복했던 우리의 모습이 머릿속에 아른거렸다. 그때 나에게 지어주었던 서연이의 미소가, 나를 향해 말해주던 서연이의 진심이, 우리가 함께 바라보았던 바다와, 함께 서 있던 어두운 하늘 아래 풍경이 벌써부터 그리워졌다.

우리의 꽃이 시들었던 것은 그저 날씨 탓이라고, 날씨가 너무 뜨거웠기 때문이고, 해가 너무 쨍쨍했기 때문이고, 너무 더웠기 때문이라고. 나 자신을 속여보지만 아무런 소용이 없었다.

아직 시들지 않았다고 믿었던 우리의 꽃은 이미 한없이 시들어 축 늘어져 있었다.

5

'쾅―'

현관문이 닫히고, 어두운 방 안에는 나와 깨진 꽃병만이 남아 있었다. 바닥은 물과 유리 파편이 가득 있어 아무 곳이나 발을 디딜 수 없었다.

불빛 하나 없는 조용한 방 안에 깨진 꽃병과 단둘이 남은 나. 무슨 생각으로 그 꽃병을 깬 건지, 왜 그 남자를 내쫓았는지 기억도 나지 않는다. 너무 순식간에 일어난 일이었다.

"아!"

바닥에 떨어진 유리 파편을 치우다 그만 손을 베여버렸는지 손에선 장미처럼 붉은 피가 뚝뚝 떨어지고 있었다. 베이면 아플 걸 알면서도 왜 조심하지 못했을까. 꽃이 시들었다는 걸 이미 알았으면서 왜 모르는 척했을까.

이제라도 후회 해보지만 그렇다고 해서 깨진 유리가 다시 붙는다거나, 손에 있는 상처가 사라진다거나, 꽃이 다시 피어나는 그런 일은 없다. 깨진 유리를 다시 붙여도, 손에 상처만 남을 뿐이다. 과거의 일을 후회해봤자 달라지는 건 없다.

상처가 난 손은 아픈 줄을 몰랐다. 어쩌면 다른 곳이 더 아파서 손가락에 난 상처 따위 느껴지지 않은 것일지도 모른다.

왜 아프지? 나의 진심을 후련하게 전부 다 털어놓았는데 왜 아직도 심장이 시큰거리고 아픈 거지? 이유를 알 수 없었다.

'내 눈앞에 떠지 말고... 당장 꺼져...'

그래, 사실 진심이 아니었다. 진심으로 한 말이 아닌데... 그 사람에겐 진심으로 들렸겠지? 혼자가 아니라서 기뻐했는데, 나의 욕심 때문에 난 또다시 혼자가 되었다. 이제 어쩌면 좋을까. 또다시 혼자가 된 나는 앞으로 어떻게 버텨야 할까.

'네, 당신이 내 인생에 나타나서는 안 됐어요.'

아니야. 아니잖아. 그건 진심이 아니잖아...

'너야말로 노력 부족 아니야?'
'노력 따위 하지도 않고 감정대로 굴었으면서!'
'날 기억하려는 노력조차도 하지 않았잖아!'

아니야... 난 노력 부족이 아니야... 끊임없이 노력하고 또 노력했어... 내가 그 사람을 잊은 건 오로지 증후군 때문이야...

나를 욕하던 그 목소리가 환청이 되어 또다시 집 안 곳곳에서 울려 퍼졌다. 듣기 싫어서, 듣고 싶지 않아서 손으로 귀를 감싸진 채 그대로 그 자리에 주저앉아 몸을 떨었다.

눈물이 볼을 타고 흐를 때마다 볼 언저리에 어딘가가 따끔거리는 것이 느껴진다. 눈물과 함께 무언가가 턱을 타고 내려가 뚝뚝 바닥으로 떨어진다.

젠장. 아까 꽃병을 깨면서 파편이 얼굴까지 튄 건가? 얼굴에서도 피가 조금 흐르고 있었다. 얼굴에 난 작은 생채기를 전혀 인지하지 못했다.

증후군이 심해지고, 함께한 추억 따위 떠오르지 않는 사람과 싸우고, 온몸에 상처가 나 피가 뚝뚝 흘러 온몸이 만신창이다. 바닥에 떨어진 유리 파편 속 비춰지는 나의 모습은 초라하기 짝이 없었다. 나 자신이 너무 비참해 보인다.

눈에선 미친 듯이 눈물이 흘러나온다. 이유는 모른다. 증후군이 또다시 심해져서? 다시 혼자가 되어서? 그것도 아니면, 그 남자에게 거짓 섞인 말로 상처를 줘서? 너무나도 혼란스러워 정신을 차릴 수가 없다. 갑자기 왜 이러는 걸까.

'아, 나 지금 벌 받는구나.'

지금이라도 과거의 기억을 찾는다면 모든 것을 용서받지는 않을까 하는 마음에 그 자리에서 천천히 눈을 감는다.

꽃은 언젠가 다시 피어나

1

서연이와 싸우고 며칠이 지났을까. 자각조차 되지 않는다. 몇 날 며칠을 집 안에서 죽은 듯이 보냈다. 혹시나 집 밖을 나섰다가 예전처럼 카페에 가는 서연이를 마주칠까 봐 나갈 수 없었다.

'이제 더 이상… 민혁 씨가 싫지 않으니까요.'
'꼭 우리의 과거까지도 잊지 않을게… 민혁아.'

비록 아직 연인 시절의 우리를 떠올리지는 못하지만, 기억을 더 이상 잃지 않는 서연이를 보며 희망을 가졌었다. 분명히 그랬었다. 하지만 그 희망 따위 얼마 가지 못한 채 모든 것이 무너져버렸다. 나 때문인 것만 같고, 전부 내 잘못인 것 같다.

서연이의 말대로 내가 조금이라도 빨리 상황설명을 했다면, 서연이에게 그런 심한 말을 하지만 않았다면. 이런 상황이 오지는 않았을 텐데. 내가 왜 그랬는지 후회만 할 뿐 죄책감에 시달려 무엇도 하지 못했다.

　이 와중에도 증후군 생각이 계속해서 난다. 우리의 관계를 한순간에 망가트려 버린 그 망할 놈의 망애증후군.

　서연이가 분명 모든 기억을 다 잃었음에도 우리가 싸웠던 것은 정확하게 기억하고 있었다. 그럼 이제 서연이는 어떻게 되는 거지? 지금쯤 모든 걸 잊어버리고 평범한 삶을 살고 있을까? 어쩌면 우리가 심하게 싸웠던 그때의 기억만 생생히 남아 괴로워하고 있지는 않을까? 염치도 없이 서연이가 걱정되기도 한다. 정작 서연이에게 상처를 준 것은 나 자신이면서.

　나에게 상처를 잔뜩 받았을 서연이인 걸 알면서도 혹시나 아직 작은 희망쯤은 있을 것 같다는 생각에 집 밖을 나설까 한참을 고민한다. 물론 그래봤자 상처받은 그 얼굴을 떠올릴 뿐, 항상 땅속에 깊게 뿌리 내린 꽃처럼 제자리걸음이겠지만.

　"네가 나를 완전히 잊어도, 내가 다시 기억하게 해줄게."
　"네가 날 싫어해도 기다릴게. 내가 날 기억해낼 때까지."
　"내가 꼭, 기억 찾아줄게."

그 애의 기억을 찾아주겠다고 약속했는데. 기억을 찾아주기는 커녕 괜한 말로 상처만 줘버렸다. 불안에 떨던 서연이의 얼굴이 머릿속에 남아 자꾸만 나를 괴롭혀 왔다.

"이러다가 너를 완전히 잊어버리는 건 아닐까? 완전히 잊어버리게 되면... 그땐 정말 어떡하지?"
"나 혼자가 되고 싶지 않단 말이야..."

누구보다 나를 잊고 싶지 않아 했는데. 혼자가 되는 걸 그토록 두려워하던 너였는데. 나를 영원히 잊지 않았으면 하고 바라던 나의 욕심 때문에, 순간의 욱한 감정 하나만으로 화를 내버린 나 때문에 우리의 꽃이 시들어버린 것만 같다.

그날 서연이의 손에 의해 깨져버린 꽃병이, 시들어버린 물망초가 마치 우리의 모습 같다. 어쩌면 이미 시들었을지도 모르지만 괜찮을 거라고 믿어왔던 그 꽃은, 이미 자신의 색깔을 잊어버린 지 오래였다. 더 이상 뿌리를 내리지 못하고 시들어만 가는 꽃처럼 아무것도 할 수 없었다.

햇볕이 뜨겁다고는 전혀 생각하지 못하고 따듯하다고만 생각하며 안심했던 나의 잘못이었을까? 그게 아니라면...

우린 어쩌다 이렇게 되어버린 걸까?

2

가슴이 시리듯이 아프다. 시큰거리는 느낌이 쉽사리 사라지지 않는다. 그 남자와 싸우고 난 후 공허한 듯한 기분이 자꾸만 마음 한구석에 남아 있다.

"네 말대로... 꺼져줄게."

그 남자의 쓸쓸한 듯 보였던 뒷모습이 머릿속에 아른거린다. 언제부터 내 말을 그렇게 잘 들었다고... 망할 증후군도, 진심이 아닌 말을 함부로 해버린 나도 너무 싫었다. 말 한마디로 또다시 혼자가 된 내 모습이 그렇게 한심해 보일 수 없었다.

처음엔 이 모든 것을 증후군 때문이라고 합리화하려 했다. 증후군이 생기고 그 남자를 기억하지 못해서, 다른 것들은 하나도 기억하지 못하면서 그 남자와 싸웠던 기억들만 전부 기억해내는 증후군 때문에 내가 이렇게 된 거라고. 그렇게 계속 외면하고 살았다. 하지만 금방 현실을 깨달았다. 이 모든 것은 내가 자초해낸 일이라고.

그날 선물을 사기 위해서 만난 것이라고 했을 때 깜짝 선물이라고 한 번만 생각했다면, 내가 그 남자를 한 번이라도 믿어봤다면, 내가 그 남자에게 나가라는 말만 안 했다면. 그냥 내가 그날 약을 먹고 세상에서 사라졌다면... 지금쯤 어떤 것이라도 바뀌지 않았을까?

'...더 말할 힘도 없다. 갈게.'
'의심 많고. 사람도 못 믿고. 그러니까 내가 늘 혼자인 거야.'
'넌 한 번이라도 날 믿은 적 있기는 해?'
'말할 틈조차 안 줬잖아. 그래놓고 이제 와서 해명하면 어쩌자는 거냐고? 내가 하고 싶은 말이지 그건!'
'내가 언제까지 참아야 하는데?'
'나보고 어떡하라는 건데 대체!'
'그러니까 그 망할 증후군이 안 낫는 거야! 알아들어?'

모두가 나에게 화를 낸다. 아니, 화를 내는 목소리가 몇 날 며칠을 귓속에서 울려 퍼진다.

'내 잘못이야... 그래서 모두가 떠난 거야... 그래서 내가 혼자가 되어버린 거야... 난 이제 혼자야...'

혼자가 되어버렸다는 사실이 너무 무서웠다. 다시 조용한 방 안에서 혼자 의미 없는 하루를 보내야 한다는 것이 두려웠다. 점점 상태가 안 좋아지는 것이 느껴졌다.

'지잉-'

이 와중에도 휴대폰은 시끄럽게 울어댔다. 이름을 확인해보니 유일하게 나를 걱정해주는 한 사람. 서윤이었다.

"여보세요..."
"언니 괜찮아?"
"...서윤아. 난 어차피 혼자가 된 운명이었던 걸까?"
"그게 무슨 말이야... 언니가 왜 그런 운명인데."
"그 남자도, 예림이도... 전부 떠나고 아무도 없어... 내 주변엔 아무도 남아 있지를 않아..."
"언니 혼자 아니잖아. 나 있잖아. 왜 자꾸 혼자라고 생각해..."

서윤이의 말에 눈물이 흘렀다. 서윤이 말대로 아직 혼자가 되지는 않았다. 다른 친구들도 있고, 항상 나를 걱정해주는 서윤이도 있다. 그런데 왜 혼자가 된 것 같은 이 기분은 전혀 사라지지 않는 걸까.

"그 남자가 사라지고 나서... 이상하게 미친 듯이 슬프더라? 근데 그게... 혼자가 되는 것이 무서워서 라는 게 너무 어이가 없어... 내가 상처 줘놓고 떠나가면 슬퍼하고 있는 나 자신이 너무 싫고 한심해..."
"언니 지금 하나도 안 멀쩡한 상태라는 건 알고 있는 거야..? 오빠랑 그렇게 싸우고 나서 한 번도 집 밖에 안 나갔을 거 아냐. 그치?"

"응..."

"밖에 나가서 천천히 걸으면서 바람 좀 쐬고 들어와."

"...알았어."

"밤이라 바람 좀 불 거야. 너무 짧게 입고 나가지 마."

그 후 전화가 끊겼다. 나는 천천히 자리에서 일어나 눈물을 훔치고는 옷을 갈아입은 뒤 현관문으로 향했고, 그대로 집 밖을 나섰다. 여름이라 해가 오랫동안 하늘에 머무는데도 불구하고 밖은 이미 어두웠다.

사람이 거의 없는 좁은 인도 위를 쉼 없이 걸었다. 발걸음이 향하는 대로 힘없이 터덜터덜 걷기만 했다. 종종 지나가던 자전거들도, 도로 위를 빠르게 지나가던 자동차도 오늘만큼은 보이지 않았다.

무심코 하늘을 올려다보았을 땐, 별 하나 없고 구름 한 점 없는 밤하늘만 보일 뿐이었다. 몇 주 전에는 저 하늘 위에 수많은 불꽃이 피었었는데, 지금은 아무것도 없이 텅텅 비어있었다. 하늘이 텅 비어서였을까 건물에 살짝 가려졌음에도 높이 떠오른 달은 오늘따라 더 밝게 빛났다.

그렇게 한참을 걸었을까. 길을 걷다가 꽃이 피어있는 거리를 보았다. 아름답게 피어난 꽃들 사이 홀로 바닥에 버려진 꽃 한 송이. 누군가가 아름답다는 이유로 꺾어버린 꽃이 뜨거운 바닥에 버려져 있었다. 그런 꽃이 홀로 떨어져 있는 걸 보고 있자니 이 꽃도 많이 외로워 보였다. 왜였을까. 왜 꽃 따위가 외로워 보인 걸까. 떨어져 있던 꽃을 손 위로 조심히 올려두었다.

텅 비어있던 하늘이, 홀로 버려진 꽃 한 송이가, 오늘따라 더욱 조용하고 휑한 도시가. 모두 나 자신 같았다.

비가 오지도 않는데 손 위에 얹어둔 꽃에 물방울이 톡 하고 떨어졌다. 공기는 맑은데 숨이 턱턱 막혀왔다.

도대체 나는 어쩌다 이렇게 되어버린 걸까?

3

며칠 밤을 울었는지 모를 정도로 너무 울어대서 더 흐를 눈물도 없지만, 슬픈 감정 따위 사라지지 않아서 최대한 애써 괜찮은 척 평범한 하루를 보내고 있다.

며칠 전까지만 해도 매일을 밤낮없이 울어댔다. 나에게 화를 내는 사람들의 목소리가, 나를 욕 하는 여러 가지 환청이 귓속을 떠나지 않아 괴로웠고, 온몸에 난 상처들은 제대로 소독하지 않아서 나아질 기미조차 보이지 않았다. 커튼 사이로 얇게 비추는 햇빛과 달빛만이 집 안을 밝혀주었고, 그 어떠한 것도 존재하지 않는 것처럼 어두운 정적만이 집 안에 맴돌았다.
매일 저녁이 되면 외로움을 견디지 못하고 침대 위에 누워 한쪽 팔로 두 눈을 가린 채 하염없이 울었다. 가슴 속에 쌓여 있는 외로움이 눈물과 함께 흘러내리지는 않을까 하는 마음으로 쉼 없이 울었지만, 가슴속 빈 웅덩이는 채워지지 않았다.

몇 날 며칠을 외로움 속에서만 살다 보니, 어느새 이 감정도 차차 익숙해지고 있는 것이 느껴졌다. 더 이상 저녁마다 눈물을 흘리지 않았다. 그저 창문을 타고 들어오는 달빛을 바라보며 떠오르지 않는 기억을 떠올려본다.

도무지 알 수 없는 환청과 기억, 내가 잊어버린 사람의 얼굴과 목소리, 그리고 희미하게 떠오르는 내가 잊었던 모든 기억들. 아무것도 기억이 나지 않지만, 아무것도 떠오르지 않지만, 왜인지 떠올려야 할 것만 같아서 오늘 밤도 조용히 눈을 감고 떠올려본다.

그러다 아침 해가 밝아오면 평범한 하루를 보낸다. 쉬는 날이면 카페에 가거나, 길거리를 거니며 사람들을 구경하고, 평일에는 대학교에 가 평범하게 수업을 듣는다. 물론, 여전히 내가 혼자라는 사실은 변함이 없다.

오늘 하루도 예외는 없었다. 대학교에서 수업을 들을 때도, 집에 가는 길에도, 나는 늘 혼자였다. 한 사람이 내 곁을 떠나고 옆에서 함께 발맞춰 걸어주는 사람이 한 명도 없다는 사실이 나를 외롭게 만들었다.

집에 돌아와 현관문을 열고 집 안에 발을 디뎠다. 평소와 다를 거 없는 집 안이 오늘따라 더욱 텅 비어 보이는 것만 같아서, 방 불을 켜보았지만 달라지는 것은 없었다.

사람 하나 없는 넓지도 않은 작은 집, 그 안에 덩그러니 남아 있는 건 나 하나뿐. 또다시 외로움 속에 갇혀 길을 잃은 꼬마아이처럼 거실 한 가운데에 서서 눈물만 뚝뚝 흘렸다. 분명 괜찮다고 생각했지만, 사실은 괜찮지 않았을지도 모른다. 눈물이 하염없이 흐르는 와중에도 내 머릿속에는 아직도 그 남자와 함께했던 알 수 없는 기억만이 떠오른다. 얼굴도 기억하지 못 하

는 주제에 이런 추억 따위 잊어버리지도 않는 나 자신이 또다
시 미워졌다.

　그렇게 한참을 주저앉아 눈물만 흘리다가 눈물을 그치고는,
천천히 자리에서 일어나 책상 앞 의자에 털썩 주저앉았다.
　의자에 앉아 책상 위를 바라보니, 책상 위에는 작은 꽃 하나
가 꽃병 속에 들어간 채 이쁘게 자리 잡고 있었다. 책상 위 꽃
을 멍하니 바라보다 홀린 듯 고개를 천천히 돌려 집 안을 둘러
봤을까, 갑작스레 우리 집에는 왜 이리 물망초가 많은 것인지
의문이 들기 시작했다.
　평소 좋아하는 꽃이 물망초이긴 하지만 길가에 피어있는 물
망초를 구경할 뿐이었지 물망초를 산 적은 없었던 것 같다. 그
럼 저 물망초는 어디서 난 것인지 도무지 알 수가 없다. 알 수
없는 의문을 뒤로한 채 다시 책상 앞 의자에 앉아 멍을 때리다
온몸에 힘이 빠져 천천히 눈을 감았다.

　그 후 천천히 눈을 떠보니, 내가 있는 곳은 어둡고 침침한 방
안이 아니었다. 익숙한 소리와, 익숙한 풍경. 분명 누군가와 함
께 왔었던 공원이 틀림없었다.
　눈앞에는 몇 송이의 물망초가 바람에 살랑이고 있었다. 아름
다운 꽃을 눈에 담아내고 있던 참에.

　"거기서 뭐 해?"

"아 깜짝이야!"

낯선 남자의 등장으로 나는 단번에 알아차릴 수 있었다. 이곳은 꿈속이라는 걸. 그럴 만도 한 게 분명 지금 이 낯선 남자와 마주 보고 있지만, 이 남자의 얼굴은 너무나도 흐릿하게 보였다.

"꽃이 있길래 잠깐 보고 있었어요."

꽃을 바라보고 있는 나에게 무얼 하냐며 묻던 남자에게 간단히 대답하자 남자는 나의 시선을 따라 꽃으로 눈길을 옮겼다.

"꽃? 우와... 이쁘네..."

"이 꽃 제가 제일 좋아하는 꽃이에요. 이름은 물망초."

어차피 꿈이니까 상관은 없다고 생각해서일까. 아무렇지 않게 얼굴도 잘 보이지 않는 남자에게 말을 걸었다.

"누구더라... 뭐 잘 기억은 안 나지만 누군가가 이 꽃을 자주 선물 해줬나 봐요. 집에도 이 꽃이 정말 많더라고요."

"...파란빛이 도는 게 되게 이쁘네."

"그죠?"

대답과 함께 꽃으로 향해 있던 시선을 그 남자에게로 옮겼을까. 얼굴은 잘 보이지 않았지만 어쩐지 씁쓸한듯한 분위기를 풍기는 남자가 눈에 들어왔다.

"있잖아."

"네?"

"이 물망초, 꽃말이 뭔지 알아?"

"뭔데요?"

갑자기 뜬금없이 물어오는 질문. 그 질문의 답을 찾지 못하고 이 남자의 대답을 기다렸지만,

'아, 꿈이었네...'

대답 따위 듣지 못하고 그대로 잠에서 깨어났다. 그 남자는 누구이며, 뜬금없이 왜 나타난 것이며, 물망초의 꽃말을 왜 물어본 것일까.

잠에서 깨어나 집 안을 한 바퀴 둘러보았을 때, 유독 강하게 파란빛을 띠는 선반 위에 꽃을 발견했다. 그 물망초를 발견한 뒤 나도 모르게 발걸음이 그 꽃을 향해 다가가고 있었다. 다른 꽃들과는 다르게 유난히 파랗고 향기로운 꽃을 선반 앞에 멍하니 서서 바라보았다. 무언가에 홀린 듯이 파란 물망초만을 바라보고 있던 그때, 꽃병 뒤에 꽂혀있는 낯선 앨범을 발견하였다.

"뭐지? 이런 앨범이 있던가?"

졸업앨범이나 가족사진이라기엔 작은, 손바닥만 한 크기에 앨범 하나가 선반 가장 안쪽에 꽂혀있었다. 앞을 가로막고 있는 꽃병을 책상에 조심스레 올려놓은 뒤 천천히 선반에 꽂혀있는 앨범을 꺼내 들었다. 앨범 표지에 묻어있는 먼지를 손으로 가볍게 털어낸 뒤 조금은 긴장되는 마음으로 앨범을 펼쳤을까.

앨범 속 여러 사진에는 머리가 어깨까지 내려오는 갈색 머리에 여자와, 검은 머리에 남자. 정확하게 말하자면 꿈속에 나왔던 그 남자와 내가 다정하게 찍은 사진들로 가득했다.

사진 속 남자의 시선은 언제나 나를 향해 있었고, 나 역시 최근에 모습과는 다르게 활짝 웃고 있었다. 한 장씩 천천히 앨범을 넘기며 이 남자가 누구일지 곰곰이 생각해보았다.

함께 소풍에 간 사진, 큰 곰 인형을 끌어안고 찍은 사진, 맛있는 음식을 먹는 사진. 정말 많은 사진이 있었고, 사진들을 여러 차례 넘기며 보던 나는 잠시나마 멈칫할 수밖에 없었다.

푸른 바닷가 앞에서 찍었던 사진이, 화려한 불꽃을 바라보며 찍힌 나의 모습이 앨범 안에 고스란히 남아 있었기 때문이다. 그 사진을 보자 누군가가 떠올랐다.

'으이그- 바다가 그렇게 좋아?'
'저 바다 엄청 좋아한다구요.'
'휘이잉- 핑!'

사진을 빤히 보다가 그날의 바다가 다시 머릿속에서 노래하고, 그날의 불꽃이 다시 머릿속에서 피어나고 나서야 깨달았다.

'...꼭 우리의 과거까지도 잊지 않을게.'

그 남자가 나를 떠난 뒤 혼자가 되는 게 무서웠던 것이 아니라는 걸, 내가 잊어버렸다고 생각했던 남자는 꿈속에 나왔던 남자와, 앨범 속 나를 다정히 바라보던 그 남자라는 걸.

'...민혁이.'

그 남자를 나도 모르는 사이에 그리워하고 있었다는 걸.

4

언제까지 자책만 하며 집 안에 틀어박혀 있을 수는 없는 셈이지만, 나 때문이라는 생각은 도무지 사라지지를 않는다.

기억을 찾아주지도 못하면서 무조건 기억하게 해주겠다는 괜한 약속을 했다. 그때의 나 자신은 어떤 자신감으로 그런 말을 한 걸까. 어떤 자신감으로 서연이의 기억을 찾아 줄 수 있을 것이라고 확신했던 것일까.

'도대체 내가 왜 당신을 기억했으면 좋겠는 거에요? 그냥 이렇게 된 거 남으로 살면...'
'당신이 내 인생에 나타나서는 안 됐어요.'

정말 서연이가 했던 말처럼, 증후군에 걸린 서연이의 인생에 내가 나타나서는 안 됐던 걸까 하는 생각이 자꾸만 머릿속을 맴돌았다. 서연이가 증후군에 걸린 이유도, 그런 서연이에게 상처를 준 사람도, 지키지 못할 약속을 한 것도 전부 나였다.

나의 거짓말로 서연이에게 헛된 희망을 주었던 것은 아닐까. 그래서 서연이가 나를 혐오했던 것은 아닐까. 온갖 생각들이 스쳐 지나간다.

노력 부족이라며, 노력을 안 해서 증후군이 낫지 않는 거라며 서연이를 무섭게 몰아세웠던 그 날. 당황을 한 듯한, 아니 어쩌면 겁에 질린듯한 서연이의 표정이 어제처럼 생생하다.

정말 진심으로 한 말이 아니었다. 그저 또다시 나를 잊어버린 서연이의 모습에 우리의 행복이 모두 사라져버린 것만 같아서, 하늘이 우리의 기억을 전부 빼앗아버린 것만 같았다. 그래서 느껴버린 나의 모든 절망감을 전부 서연이 때문인 것처럼 말해버렸다.

자신의 절망도 본인 탓이라며 힘들어하고 있을 서연이인데, 나의 절망마저 자신의 탓이라는 말을 들은 서연이는 지금 얼마나 힘들어하고 있을까. 자책이 심한 서연이를 걱정하고 있으니 점점 증후군이 괜찮아지던 서연이의 모습이 머릿속에 떠올랐다.

'이젠 민혁 씨가 크게 불편하지 않거든요.'
'전화... 해줄래요?'

그래, 어쩌면 서연이는 불편하지 않다고 말하던 그 순간에도 나를 불편해했을지도 모른다. 증후군 때문에 내가 여전히 불편했을 테지만, 그럼에도 불구하고 기억을 찾기 위해 서연이는 끝없이 노력했을 것이다.

'왜 민혁 씨를 사랑했었는지, 망애증후군이 걸리고 왜 하필
민혁 씨를 잊어버렸는지 이제 알 것 같아요.'
'연인 시절에 기억은 내 머릿속에 하나도 남아 있지 않아요.
그래서 기억하려 더 노력했어요.'

기억나지 않아도 기억하기 위해, 매일 머리를 감싸 쥐며 생각
했을 것이다. 어쩌면 제대로 잠을 자지 못했을지도 모른다. 매
일매일 괴로웠을지도 모른다.

한참을 생각하다가 이제야 깨달아버렸다. 노력 부족은 서연이
가 아니라 나였다는 걸. 내가 그리워했던 것은 연인 시절 다정
했던 우리와, 서연이의 미소였다는 걸.
기억을 찾아주기는커녕 더 힘들게 만들어놓고는 꽃이 시들어
버리니 그 꽃이 시들어버린 것은 너 때문이라며 서연이를 매섭
게 몰아세웠다.
아직 해가 저물지 않았다. 아직 늦지 않았다. 어서 서연이에
게 사과를 하러 가야 한다. 이제라도 너에게 사과를 한다면, 지
금이라도 너에게 내가 간다면, 우리에게 다시 맑은 여름이 찾
아올 수 있을까? 그렇다면 지금 당장이라도 꽃을 심어야 한다.

"이제 더 이상... 민혁 씨가 싫지 않으니까요."

꽃은 언젠가 다시 피어날 테니까.

5

　며칠 만에 나온 집 밖은 여름밤의 시원한 공기가 가득했다. 시간이 많이 늦어 어둡고 조용한 도시의 밤하늘은 둥근 달 하나만이 밝게 비춰주고 있었다.

　서연이의 집으로 향하는 길 바람이 전해주는 산뜻한 여름의 향기를 느끼며 천천히 길을 걷다 보니 조금씩 향기로운 꽃내음이 코를 찔렀다. 자연스럽게 사람을 이끄는 그런 향기로운 냄새를 맡고 그 꽃의 향을 따라 계속 걷다 보니 어두운 저녁에도 환한 빛을 비추고 있는 작은 꽃집이 눈에 들어왔다.

　'이 꽃 제가 제일 좋아하는 꽃이에요. 이름은 물망초, 누구더라... 뭐 잘 기억은 안 나지만 누군가가 이 꽃을 자주 선물 해줬거든요.'

　평소 물망초 꽃을 좋아했던 서연이에게 사과하며 꽃을 전해준다면, 조금이라도 화가 더 잘 풀리지 않을까 하는 생각에 나는 한 치의 망설임도 없이 꽃집으로 들어갔다.

"어서 오세요."

"저 사장님, 혹시 여기... 물망초 있을까요?"

"이쪽에 있어요! 색깔 별로 있으니까 천천히 보시고 말씀해주세요."

"네, 감사합니다."

눈앞에 여러 물망초가 눈에 들어왔다. 서연이에게 마지막으로 꽃 선물을 해준지 몇 달이 지났을까 기억도 잘 나지 않는다. 눈앞의 물망초들을 보고 있자니 몇 달 전의 우리가 머릿속에 아른거린다.

길거리에 핀 꽃을 지나갈 때면 항상 그 자리에 머물러 한참 동안 꽃을 구경하던 서연이. 그런 서연이에게 증후군이 걸린 뒤 꽃 선물을 정말 자주 해줬었다.

물망초만 사다주면 행복하게 웃는 서연이의 아이 같은 미소가 너무나도 좋았다. 잊혀지지 않는 서연이의 그 미소가 너무 좋아서 어느 순간부터 서연이에게 물망초 꽃을 사다주는 날이 많아지게 되었다. 나를 기억하고 있는 날에도, 나를 조금은 잊어버렸던 날에도 서연이는 내가 준 물망초를 보며 매일 함박웃음을 지었다.

나를 완전히 잊어버리고 난 뒤에는 물망초를 선물해 줄 수 없었지만, 증후군이 걸렸음에도 불구하고 누군가에게 꽃을 선물 받았었다는 기억은 서연이의 머릿속에 남아 있었다.

그런 서연이에게 꽃을 주며 사과를 한다면, 서연이는 어떤 반응을 할지 상상해보았다.

이런걸로 화가 풀릴 것 같냐며 화를 낼지도 모른다. 혹은 나에 대한 기억을 다시 전부 잊어버려서 나를 전처럼 경계할 수도 있다. 아니 어쩌면 나에게 예전처럼 함박웃음을 지어주지는 않을까?

잠깐의 기대를 하며 다시 물망초로 시선을 옮겼다. 분홍색, 하얀색, 파란색. 3가지 색깔을 가진 물망초가 나란히 자리를 잡고 있었고, 서연이에게 어떤 색의 물망초을 선물해줘야 할지 고민했다.

"보통은 저 파란색 물망초가 이뻐서 다들 저 색깔로 많이 사 가시기도 해요."

물망초 앞에 가만히 서서 고민을 하고 있으니 꽃집 사장님께서 슬쩍 한마디를 거두셨다. 그 말을 듣고 다시 생각해보니 서연이도 파란색 물망초를 좋아한다는 사실이 떠올랐다.

"그럼 파란색으로 할게요."

"여자친구 선물 해주시는 거예요?"

"네. 여자친구가 좋아하는 꽃이거든요-"

나의 대답에 사장님은 여자친구가 좋아하겠다며 미소를 지으시고는 은은한 보랏빛을 띠는 포장지에 꽃을 몇 송이 올려 포장을 마친 뒤 나에게 건네셨다. 은은하게 나는 물망초의 향기가 얼굴의 따뜻한 미소를 불러왔다.

"감사합니다, 수고하세요."

가게에서 나와 한 손에는 꽃다발을 든 뒤 한 손에는 휴대폰을 꺼내 들었고, 전화를 건 뒤 크게 심호흡했다. 연결음이 길어지면 길어질수록 점점 심장이 빠르게 뛰는 것 같은 느낌이 들었다. 조금 더 천천히 심호흡하며 빠르게 뛰는 가슴을 가라앉혔다.

'달칵-'
미세한 소리와 함께 연결음이 끊겼지만 조용한 정적만이 흘렀다. 뭐라 말을 꺼내야 할지 한참을 고민하고 있으니.

"...여보세요."
서연이의 목소리가 휴대폰 너머로 들려왔다.

"10분 뒤에 집 앞으로 나와. 할 말 있어."
긴장되는 마음을 감추고, 떨리는 목소리를 애써 숨긴 채 말을 하였지만, 아무런 소리도 듣지 못한 채로 전화가 끊겼다.

분명 아무런 대답도 없었지만, 그래도 서연이에게 가야 한다는 나의 마음은 변함이 없었다. 고민 없이 주머니에 휴대폰을 넣고 서연이의 집으로 향했다.

오늘따라 멀게 느껴지는 서연이의 집이었지만 몇 분이 걸려도, 몇 시간이 걸려도 갈 수 있을 것만 같았다. 무엇을 해도 좋다. 이 꽃과 진심 어린 사과로 서연이의 세상에 우리라는 꽃을 다시 피워 낼 수 있다면 말이다. 전부터 피워냈던 꽃은 이미 시들어버렸지만 우리라는 꽃은 언젠가 다시 피어날 테니까.

다시 피어오르는 꽃은 전보다 더 아름답기를.

6

그 남자를 무의식에 그리워하고 있었다는 사실을 알게 된 지 얼마 지나지 않은 어느 날. 늦은 밤 침대에 누워 눈을 감아도 잠에 들지 않아 한참을 뒹굴었다.

혹시 커튼을 타고 들어오는 달빛이 유난히 밝아서 잠에 들지 못하는 것은 아닐까 창문을 등져 누워보지만, 여전히 잠에 들지 못했다. 노래를 들어보기도 하고, 최대한 편한 자세로 누워도 보았지만, 여전히 잠에 들지 못했다. 결국 잠에 들 때까지 천장을 보고 누워 있어 보기로 했다.

졸리지 않은 것은 아니었다. 피로한 기분이 들고 몸에 힘은 들어가지 않지만, 이상하게도 잠에 들지 않았다. 마치 지금 내가 자면 안 된다는 것처럼.

그렇게 아무것도 없는 하얀 천장만을 바라본 지 몇 분이나 지났을까, 아무런 소리도 들리지 않던 조용한 집 안에서
'지잉-'
휴대폰 진동이 큰 소리로 울려 퍼졌다.

"이 시간에 누구…."
자리에서 일어나 휴대폰을 들고 늦은 시간 나에게 전화를 건 발신자의 이름을 확인하는 순간, 나는 그대로 얼어붙을 수밖에 없었다.

'민혁 씨'라고 저장된 번호로 전화가 오고 있었기 때문이다. 이 남자가 갑자기 무슨 일로 전화를 건 것일까. 나와 담판을 지으려는 것은 아닐지, 혹시 나에게 화를 낼 일이 남아 있는 것은 아닌지 한참을 생각하다가 '에라 모르겠다' 하며 전화를 받은 뒤 조심스럽게 휴대폰을 귓가로 가져다 댔다.

전화를 받고 진동이 사라지며 집 안은 다시 조용한 정적이 흘렀다. 조금은 긴장되는 마음으로 휴대폰 너머 소리에 귀를 기울여보았지만 아무런 소리도 들리지 않았다. 술김에 전화를

했거나, 잘못 누른 것은 아닐까 싶은 마음에 그냥 끊어버릴까 생각했지만 혹시나 하는 마음에 입을 열었다.

"...여보세요."

조심스런 나의 목소리에 잠깐의 정적이 흘렀다. 숨이 막힐듯한 짧은 정적이 흐르던 참에, 곧바로 내가 잊었던 그의 목소리가 들려왔다.

"10분 뒤에 집 앞으로 나와. 할 말 있어."

그 후, 난 아무런 대답도 하지 못하고 전화를 끊어버렸다. 할 말? 할 말이 대체 뭐길래 갑작스레 전화를 한 것일까? 다짜고짜 집 앞으로 나오라는 그 남자의 연락에 이유가 무엇일지 고민해보려 했지만, 이유를 생각하기 전에 나갈 준비를 하는 것이 먼저였다. 나에게 주어진 10분이라는 시간. 혼자 벙쪄있다가는 금방 지나가 버릴 시간이다.

휴대폰을 내려놓고, 후줄근한 반팔티와 짧은 반바지를 입고 나갈 수는 없었기에 입고 있던 옷을 갈아입은 뒤, 헝클어진 머리를 빗고 급히 집 밖으로 향했다.

집 앞에 가만히 서서 그가 오기만을 기다렸다. 무슨 말을 하

려고 갑자기 연락을 한 것일지, 도대체 하고 싶은 말이 무엇이
길래 이 시간에 집 앞으로 나를 부른 것인지 한참을 고민했다.
기나긴 고민에도 아무런 답이 나오지 않았지만 상관없었다. 이
남자를 만날 수 있는 것만으로도 더 이상 바랄 게 없었다.

　매일 집에서 홀로 미친 듯이 우는 그 찰나의 순간마다, 한 번
더 이 남자를 만나게 된다면 그땐 모든 것을 다 사과하고 싶다
고 생각했으니까.

　아무도 없는 집 앞, 환하게 켜져 있는 가로등 밑. 그가 무슨
말을 할지도 모르지만 3분도 걸리지 않고 준비를 마친 뒤, 집
앞으로 뛰쳐나온 나.

　이런 나의 행동으로 한 번 더 깨달을 수 있었다. 나는 그를
나도 모르는 새에 그리워하고 있었다는 걸. 나도 어느새 그와
같은 마음이었다는 걸. 깨달음을 얻은 뒤 조금은 두근거리는 마
음으로 그를 기다렸다. 오늘 그를 만나게 된다면, 그가 무슨 말
을 하더라도 사과 먼저 해야겠다는 생각을 하며.

　그러나 5분, 7분, 8분... 한참을 기다려도 주변에선 인기척 하
나 느껴지지 않았다. 들리는 소리는 풀벌레 소리와 종종 지나가
는 자동차 소리, 이 늦은 저녁에 무슨 일인지는 잘 몰라도 희미
하게 들려오는 사이렌 소리뿐. 사람의 발소리 따위 들리지 않았
다.

　휴대폰을 들어 시간을 확인해보니 10분이라는 시간은 진작에

지나 있었다. 분명 그토록 기다렸던 사람인데 이젠 기다리는 것
이 지치기만 할 뿐. 더 이상 기다리고 싶지 않은 기분이 들었
다. 야밤에 갑자기 사람을 불러놓고 이렇게까지 늦는 그 남자에
게 점점 화가 나기 시작했다.

달은 점점 더 높이 떠오르고, 점점 더 깊어지기만 하는 밤.
10분이 지나도, 20분이 지나도 그 남자는 오지 않았다. 참을 만
큼 참았지만 나타나지 않는 그에 의해 화가 머리 꼭대기까지 올
라왔다. 결국 더 이상 기다리지 못하고 집으로 들어가기로 결정
했다.

'내가 이러려고 잠도 안 자고 전화 받았나...'
그렇게 발걸음을 돌리고는 한숨을 푹 내쉬던 그 순간.

'지잉-'
그 남자의 번호로 전화가 걸려왔다.

"여보세요. 지금 장난해요? 사람을 불러놓고 이렇게 늦으면 어
쩌자는 거에요! 늦는다고 미리 연락이라도 해주던가! 지금 나
엿 먹이려고 일부러 그러는…!"

"여보세요."
한참을 분노에 휩싸여 쏘아붙이던 나의 말을 끊고 들려온 휴
대폰 너머에 목소리는 처음 들어보는 낯선 여자의 목소리였다.

"누구세요?"

낯선 목소리에 참아왔던 분노를 가라앉힌 채 차분히 물었다. 하지만, 그 낯선 여자에게 들려온 대답을 들은 뒤 나는 더 이상 이성의 끈을 잡을 수 없었다.

그 전화를 받기 전에는 왜 상상도 예상도 하지 못한 걸까? 왜 전혀 깨닫지 못했을까?

"뭐라고요..?"

아까 전 희미하게 들려오던 사이렌 소리를,
왜 대수롭지 않게 생각했을까?

7

풀벌레들이 노래하고, 달이 세상을 비추는 평범한 밤. 왜인지 오늘이 특별하게만 느껴져서 빠르게 뛰는 심장을 주체할 수 없었다. 혹시나 서연이가 사과를 받아주지 않으면 어떡할지, 서연이가 집 앞으로 나오지 않는다면 어떻게 해야 할지 하는 고민도 여러 번 했었지만, 서연이를 한 번 더 믿어보기로 했다.

서로가 서로를 향해 비수를 꽂던 그 날. 그때 서로에게 뱉은 말들이 전부 진심이 아니었기를, 너도 나와 같은 마음으로 한 말이기를. 한참을 기도하며 어쩌면 조금은 빠르게 서연이의 집으로 발걸음을 옮겼다.

지난번과는 다르게 차도, 사람도 조금씩 지나다니는 거리를 끊임없이 걸었다. 다들 어딜 그리 급하게 가는지는 내가 신경 쓸 것이 아니었기에 눈 하나 돌리지 않고 오로지 서연이의 집으로만 향했다.

서연이의 집까지 얼마 남지 않은 거리에 있는 횡단보도 앞. 초록 불이 켜지기만을 기다렸다. 향기로운 꽃을 손에 들고 신호를 기다리고 있으니 서연이와 함께했던 옛날이 떠올랐다.

증후군이 걸린 뒤 우울하게만 지내다가도 파란 물망초를 몇 송이 사 들고 가면 늘 밝은 웃음으로 그 꽃을 품에 안던 서연이.

"오늘도 꽃 선물이야? 너무 좋아!"

"그렇게 좋아-?"

"응! 나는 민혁이 네가 사주는 물망초 꽃이 제일 좋아!"

내가 주는 꽃이 세상에서 제일 좋다며 해맑게 미소 짓던 서연이의 모습은 아직도 어제처럼 생생하게 기억난다.

길가에 피어있는 물망초 꽃만 보아도 그 자리에 서서 한참을 바라보다 발걸음을 옮기고, 꽃이 잔뜩 피어있는 공원에서 산책하는 것을 좋아했던 서연이의 모습은 잊을 수가 없었다.

한참 서연이의 미소를 떠올리고 있다 보니 어느새 신호는 초록불로 바뀌었다. 초록불이 바뀌는 것을 보고 천천히 횡단보도를 건넜다. 한발, 한발 발걸음을 옮기며 이제 서연이의 집까지 얼마 남지 않았다는 사실이 나를 더욱 기쁘게 만들었다. 점점 차오르는 기쁨을 주체하지 못하고 한껏 들뜬 기분으로 횡단보도를 건너던 그때였다.

왜인지 눈이 부신듯한 느낌이 강하게 들었고, 무언가 이상한 느낌을 따라 고개를 돌린 그 순간.

밝은 불빛이 나의 온몸을 집어삼키고는 어떤 거대한 물체가 나를 향해 빠르게 다가오더니 그대로 나와 부딪혔다.

끼이익- 쾅!

  꽤나 큰 충돌음이 귓가에 꽂히듯 들려왔다. 순식간에 일어난 일이었고 상황을 파악하기까지는 시간이 조금 걸렸다.

  한순간에 일어난 일에 겨우 정신을 차렸을 땐, 이미 나의 몸은 붕 떠오르다가 단번에 바닥으로 떨어져 있었고, 큰 충격 때문에 눈을 제대로 뜰 수가 없었다.

  설마 지금 나... **교통사고** 당한 거야?

  처음 당해보는 사고였다. 더 이상 앞이 제대로 보이지 않았고 주변에 웅성거리는 소리가 점점 들려오기 시작했다. 순식간에 정신이 멍해지는 듯한 기분이 들었다. 참으로 이상했던 것은 아프다는 느낌이 들지 않았다. 어쩌면, 온몸에 감각기관이 망가진 듯이 더 이상 아무런 감각도 느껴지지 않는 것일지 모른다.

  '맞다, 서연이.'

  이 와중에도 집 앞에서 나를 기다리고 있을 서연이가 생각이 난다. 분명 지금쯤 집 앞에서 나 하나만 기다리고 있을 것이다. 어서 자리에서 일어나 서연이에게로 달려가야 한다.

'가야 돼... 서연이한테 지금...'

하지만 급히 자리에서 일어나려 애를 써보아도 몸에는 힘이 들어가지 않는다. 서연이가 지금 나를 기다리고 있을 텐데. 나의 몸은 꼼짝도 하지 않는다.

도대체 지금 내 몸 상태는 어떤 걸까? 나한테 도대체 무슨 일이 있었던 것일까? 상황파악이 힘들 정도로 정신이 멍해진다.

지금 이러고 있을때가 아닌데….

'아직…. 서연이에게 사과하지 못 했는데….'

나를 잊지 말아요

1

따듯했던 서연이와의 첫 만남부터 지금껏 서연이와 함께 했던 모든 순간들이 주마등처럼 머릿속을 스쳐 지나간다. 아, 이것이 말로만 듣던 주마등이라는 건가.

"어? 안녕하세요!"

창문 옆 하얀 소파 위, 마치 영화 속 한 장면처럼 낭만 가득한 그런 동아리실에서 책을 읽던 아름다운 서연이의 모습. 그 모습에 한눈에 반했던 것이 모든 불행의 시작이었을까.

"여자친구분은... '망애증후군'에 걸린 것 같습니다."
"나 혼자가 되고 싶지 않단 말이야..."

망애증후군, 사랑하는 사람을 잊는 병. 혼자가 되는 것을 유독 무서워했던 서연이에게는 너무나도 가혹한 증후군이었다.

"억거워 죽겠나고!"

증후군이 생기기 전, 단순한 오해 하나로 서로에게 상처를 주었던 그 날이, 너에겐 많이 충격적이고 배신감이 들었을까? 그렇기에 증후군이 걸린 지 얼마 안 됐을 때의 넌, 나에 대한 작은 기억 하나만으로도 온갖 부정적인 감정을 다 느껴야만 했겠지.

"민혁 씨랑 악수을 잡고 나서 다음 날 아침이 되면 얼굴이며, 이름이며 떠오르지를 않아서 그나마 기억나는 전날의 대화로 민혁 씨와 관련된 짓들을 기억하느라 매일 애를 쓰고..."

그런 증후군으로 인해 나를 잊어버렸음에도 죽을 듯이 노력하던 서연이의 모습이 이제야 하나둘씩 눈에 들어오기 시작했다. 조금 더 빨리 깨달았다면 이런 일은 없지 않았을까.

한시라도 빨리 서연이에게 가야 하는데, 지금 가서 모든 걸 사과해야 하는데. 몸의 힘이 풀려 더 움직일 수가 없다. 아무것도 할 수가 없다.

딱딱한 아스팔트 바닥이 뜨거운 여름이었는데도 불구하고 차갑다. 등과 머리 밑으로 차가운 액체가 흐르는 것이 느껴졌다.

물망초를 쥐고 있는 손에 힘이 풀려 더 이상 물망초를 잡을 수 없었지만 남은 온갖 힘을 다해 물망초를 놓지 않았다. 이것만큼은 놓고 싶지 않았다.

간신히 손으로 감싸 쥔 파란빛의 물망초는 아까 전과는 다르게 붉은빛을 띠고 있었다.

꽤나 컸던 충돌음에 늦은 저녁임에도 거리에 사람들이 몰려들었다. 여기저기 수군거리는 소리가 잠시나마 들리더니 찢어질 듯한 삐 소리와 함께 귀가 먹먹해졌다. 이젠 더 이상 눈도 제대로 떠지지 않는다.

"환자분 제 목소리 들리세요?? 환자분!!"

정신만 간신히 붙잡은 채 도로에 얼마나 누워있을까. 누군가가 신고를 한 것인지 반쯤 감긴 눈 사이로 빛이 반짝거리는 것이 보였다. 아무런 감각도 없고, 아무런 소리도 들리지 않는다.

"환자분 정신 차리세요! 환자분!"

아, 이제는 아무것도 모르겠다. 무언가 분주한 것 같다는 생각은 들지만 정확한 상황을 파악할 수가 없다. 몸에 힘이 없고, 눈이 자꾸만 감긴다. 이대로 이 세상에서 사라져버리는 것일까. 우리의 꽃은 영원히 피어날 수 없는 것인가?

'...민혁아.'

점점 정신이 희미해져 가는 사이에도 서연이가 나의 이름을 불러줬던 기억은 아직도 잊을 수가 없다.

근데 말이야... 내 소원은 그냥 나의 이름을 불러주는 것이 아닌, 기억을 찾은 네가 나의 이름을 불러주는 거였어.

.

.

.

"응급환자입니다!"

소란스러움에 겨우 눈을 떠 주변을 둘러보았다. 병원에 도착한 것일까 나는 어딘가에 눕혀져 급히 실려 가는 중이었다. 하지만 그것도 얼마 가지 않았다. 다시 온몸에 힘이 빠졌다. 자꾸만 몸이 피로해지고 자고 싶다는 생각만이 가득했다.

"환자분 주무시면 안 되세요! 환자분! 제 말 들리세요?"

졸려 죽겠는데도 나에게 잠을 자면 안 된다며 소리치는 소리가 들렸다. 내가 눈을 감으려 할 때마다 몇 번이고 나의 이름과 집 주소를 물었다.

더 이상은 못 버티겠다. 너무 졸리고, 몸에 힘이 빠진다. 서연이에게 꽃을 전해줘야 하는데, 모든 걸 사과해야 하는데, 다시 우리의 꽃을 피워내야 하는데. 이제 더는 무리인 것 같다.

미안해 서연아.

우리의 꽃은 피어나면 안 되는 꽃 이었나 봐.

2

믿을 수 없었다. 전화를 하며 들었던 모든 내용은 충격으로 인해 잊어버린 지 오래였다.

"혜성병원입니다."
"...무슨 일이시죠?"
"김민혁 씨가 교통사고로 중상을 입으셨는데, 전화 기록 중 가장 맨 위에 계셔서 연락드렸어요."
"뭐라고요..?"

병원? 교통사고? 중상? 이게 전부 무슨 말인가. 몇 분 전까지 아무렇지도 않은 목소리로 할 말이 있다던 사람이 왜 지금 병원에 누워있냐는 말이다.

늦은 시간이라 잘 잡히지도 않는 택시를 겨우 잡고 기사님께 부탁해 최대한 빠르게 병원으로 향했다.
병원 앞에 도착한 뒤 택시에서 내려서는 정신 없이 병원 안으로 들어갔다. 병원에 들어서자 분주한 병원의 풍경이 눈앞에 들어왔고 어디로 가야 하는지, 어떻게 해야 하는지 한참을 두리번거리던 그때, 카운터에 한 간호사가 나에게 대뜸 말을 걸었다.

"혹시 김민혁 씨 보호자 분 되세요?"

"네 맞아요. 민혁 씨는요? 그 사람 괜찮은 거예요? 지금 어딨어요? 당장 보러 가야 해요!"

"보호자분 진정하시고요."

진정 따위 할 수 없었다. 여기서 멀쩡히 정신을 잡을 수 있는 사람이 과연 몇이나 될까. 몇 번의 실랑이 끝에 간호사의 안내를 따라 그가 있다는 곳으로 향하였다.

정신없이 간호사를 따라 향한 곳은 수술실 앞이었다. 중상을 입었다고 했으니 수술실에 들어가는 게 어쩌면 당연한 이야기겠지. 수술실 앞에서 하염없이 그가 나오기만을 기다렸다.

'10분 뒤에 집 앞으로 나와. 할 말 있어.'

'할 말이 있다고 했으면서...'

그가 나와 어떤 사이였는지, 어떠한 인연이 있었는지는 잘 모르겠지만 나에게 있어서는 소중한 사람이었다는 것을 너무 뒤늦게 깨달아버렸다. 눈물을 흘리고, 열리지 않는 수술실 문 하나만을 바라보며 간절한 마음으로 기도했다.

'부디 다시 만날 수 있기를…'

얼마나 시간이 지났을까 너무 많은 눈물을 흘려 몸에 힘이 빠져 지쳐있던 때, 수술실 문이 열렸다. 수술실에서 수술복을 입은 채로 나오는 의사 선생님에게 다가가 물었다.

"수술은 어떻게 됐어요? 괜찮나요? 안 죽었죠?"

"조금 위급한 상황이었어요. 상처가 꽤나 컸고, 출혈도 심하신 상태였는데 수술은 잘 마쳤습니다."

다급한 나의 물음에 의사 선생님이 침착한 목소리로 대답하셨다. 안도의 한숨을 쉬며 다리에 힘이 풀릴 것만 같던 그 순간.

"그런데... 언제 깨어날지는 저희도 확답을 드릴 수 없을 것 같네요. 간신히 수술은 성공하였으나 사고가 심하게 났기 때문에 환자분이 회복을 다 하기 전까지 아직 안심하기는 조금 이릅니다..."

이토록 절망적인 순간이 또 있겠는가. 겪을 수 있는 수단을 다 겪고, 매일 밤을 눈물로 지새우다 오늘만을 기다려왔는데, 이 남자와 만나는 날이 다시 오기를 기다렸는데.

안심하며 긴장을 놓기도 전에 몰려오는 모든 절망감을 이기지 못하고 결국 그 자리에 주저앉아 버렸다.

그 후, 병실에 옮겨진 민혁 씨의 옆에 앉아 또다시 끝없는 눈물을 흘렸다. 온몸이 떨리고, 숨이 멎을 것만 같았다.

그토록 만나고 싶었던, 그토록 그리웠던 민혁 씨는 말 한마디

하지 않는, 나를 처다보지 않는 한 명의 환자일 뿐이었다.

"정말 끝까지 이기적이야... 할 말 있다면서요. 나 여기 있잖아요... 왜 말을 안 해요..? 말 좀 해봐요 제발..."

아무리 말을 걸어도 눈을 뜨지 않는 민혁 씨가 너무나도 미웠다. 병실 안에 들려오는 건 기계 소리와 대답 따위 돌아오지 않는 나의 중얼거림 뿐 민혁 씨의 대답 따위 들리지 않았다.

"평소엔 잘만 떠들었잖아요... 일어나서 말 좀 해봐요!"
기억도 나지 않는 그의 목소리가, 지금은 잊어버린 나를 바라봤던 눈동자가 염치없게도 미친 듯이 그리워졌다.

"내가 미안해요... 모든 걸 잊어버린 내 잘못이에요... 그러니까 눈 좀 떠봐요 민혁 씨..."
여전히 말없이 누워만 있는 민혁 씨의 손을 잡고 말을 하다 보니 나의 눈에선 눈물이 뚝뚝 떨어졌다.

그렇게, 고개를 숙인 채 하염없이 눈물만 흘리고 있었을까.

"...*서연아.*"

영영 기억하지 못할 것만 같던 목소리가 병실에 작은 소리로
울려 퍼졌다. 너무나도 놀라 혹시나 하는 마음으로 고개를 들어
병실 침대 위를 쳐다보았을까.

"민, 혁씨..?"
그는 힘겹게 반쯤 뜬 눈으로 나를 바라보고 있었다.

"민혁 씨!"
나는 반가움에 그의 손을 더 꽉 쥐었다.

그의 손을 꽉 쥔 채로 미소를 지으며 그를 쳐다봤다. 안심으
로 인해 흐르는 눈물은 막을 수 없었지만.
그런 나를 오랜 시간 동안 말없이 쳐다보던 민혁 씨는 자신의
몸에 남아 있는 작은 힘으로 나의 손을 꼭 쥐며 말했다.

"서연아."
"…"

"나를... 잊지 말아줘. 알았지?"

그의 첫마디에 왜 그런 말을 한 것인지 생각하려던 그때. 의도를 파악하기도 전에 그는 다시금 눈을 감았다. 나의 손을 쥐고 있던 그의 손은 작은 힘마저 사라져 축 하고 바닥을 향해 늘어졌다.

"민혁 씨..? 민혁 씨? 장난 치는 거죠? 그런 거죠? 눈 좀 떠봐요 민혁씨. 내 말 들려요? 민혁 씨!"

장난이기를 기도하던 나의 바램과는 다르게 병실에는 아까보다 더 빠른 속도에 심전도계 소리가 병실 안을 가득 채웠다. 빠른 속도로 울려 퍼지는 기계 소리를 들은 의사, 간호사들이 병실로 우루루 달려오기 시작했고, 나는 그에게서 멀리 떨어져 눈을 감아버린 민혁 씨를 지켜보는 것밖에 할 수 없었다.

여러 의료진들이 다급한 발걸음으로 달려와 이해하기 어려운 각종 의학 용어들이 오고 간 뒤, 심폐소생술이 진행됐다.

그에게서 멀리 떨어져서 모든 광경을 지켜보았다. 산소호흡기를 낀 채 심폐소생술을 하고 있는 민혁 씨의 모습을 보았을 땐 예상외로 아무런 생각도 들지 않았다. 눈물 따위 흐르지 않았고 그저 큰 충격으로 인해 머릿속이 하얘질 뿐이었다.

머리가 백지처럼 된다는 게 이런 기분일까?
'삐, 삐, 삐' 하는 기계 소리만 귓가에 울려 퍼질 뿐. 더 이상 아무 소리도 들리지 않았다.

산소호흡기를 낀 민혁 씨의 얼굴을 무심코 바라보았을까. 굳
게 닫혀있는, 더 이상 뜰 생각이 없어 보이는 민혁 씨의 눈에서
눈물이 한 방울 톡 하고 떨어졌다.

'삐'

'내가 꼭, 기억 찾아줄게.'

'삐'

*'내가 처음 증후군이 걸렸다는 이야기를 들었을 때부터 지금
까지... 널 좋아하는 마음이 식은 적은 한 번도 없었어.'*

'삐'

'난 아직도, 널 많이 좋아해.'

'삐'

'좋아해 서연아. 생각보다 많이.'

그를 기억할 수만 있다면 뭐든 할 수 있었는데. 오늘이야말로
기필코 나의 진심을 전하고 싶었는데. 그가 나에게 전했던 진심
에 보답하고 싶었는데. 세상은 너무나도 가혹했다.

'삐'

'삐'

'삐'

'걱정 마. 분명 모든 걸 잊어도.'

.

.

.

'언젠가는 나를 기억할 거야.'

삐—

삐 하는 찢어질 듯한 기계 소리가 병실 안을 가득 채웠을 때.
그의 얼굴 위로 하얀 천이 덮혀졌을 때. 그제서야 나는,

모든 기억이 돌아왔다.

3

뭣 같은 망애증후군에 걸리고, 민혁이의 모든 것을 잊어버렸었다. 아무리 기억을 떠올리려 며칠 동안 악을 써봐도 전혀 기억이 나지 않았다.

그런데 도대체 왜, 잃고 나서야 모든 기억이 돌아온 걸까. 언젠가 반드시 자신을 기억하게 될 거라던 민혁이의 말이 머릿속에 떠올랐다. 이런 방법으로 너를 기억해야 하는 거라면 차라리 기억하고 싶지 않아.

"아, 아아... 안 돼... 안 돼..."

이제야 모든 기억이 돌아왔다. 민혁이와 같은 동아리에서 만나 내가 술김에 한 고백으로 연인이 되었던 것도. 연애를 하며 함께 데이트를 했던 기억도. 서로를 향해 전하던 진심 어린 마음도, 나의 집에 있던 그 많은 꽃을 줬던 사람이 민혁이라는 것까지도. 모두 다 기억이 났는데 왜 어째서 네가 내 옆에 없는 것일까. 이제 너와의 기억을 전부 찾았는데. 이제 너를 민혁 씨가 아닌 민혁이라고 불러줄 수 있게 되었는데.
그날 불꽃을 향해 빌었던 너의 소원이 이제야 하늘로 닿았는데. 너는 왜 시들어버린 걸까. 왜 우리는 함께 피어나지 못한 걸까.

하얀 천이 덮인 민혁이에게 다가가지도 못하고 정신을 놓은 것처럼 '아, 안 돼...' 라는 말만 중얼거렸다.

그가 세상을 떠났다는 의사 선생님의 말이 들려오자 다리에 힘이 풀려버렸고, 그대로 주저앉아 어린아이처럼 미친 듯이 우는 것 말고는 그 무엇도 할 수 없었다. 땅을 치고 후회해봐도, 돌아오라며 미친 듯이 소리 쳐봐도. 이미 시들어버린 꽃은 더 이상 피어나지 못했다.

"민혁아... 민혁아... 돌아와 제발..."

한참을 주저앉아 우는 나를 그 누구도 말리지 않았다. 부르지 못했던 그의 이름을 이제서야 애타게 부르며 미친 듯이 울었다. 내 마음이 조금이나마 전해지기를 바라며 하얀 천에 감싸진 그를 바라보지도 못한 채 하염없이 울었다.

처음 느껴보는 아픔에 가슴이 찢어질 것만 같았다. 숨이 제대로 쉬어지지 않는다. 도대체 왜 나한테 그런 증후군이 생겼을까. 왜 내가 그날 수면제를 과다복용했을까. 꽃이 지고 나서야 후회하는 것이 바보 같다는 걸 알지만 내가 할 수 있는 것은 후회와 눈물, 그것뿐 이었다.

찢어질 듯 아픈 가슴을 부여잡고 금방이라도 쓰러질 만큼 울고 있었을까. 누군가가 나를 톡톡 치는 것이 느껴졌다. 눈물을 멈추지 못하고 인기척이 느껴지던 쪽을 향해 고개를 돌렸을 땐 간호사분들 중 한 분이 안쓰러운 표정을 지으며 나에게 꽃다발 하나를 건네주셨다.

"병원에 실려 오던 그 순간까지도 붙들고 있던 꽃이에요."

아무런 대답도 없이 고개만 끄덕이며 꽃다발을 품에 안아 든 채 그 꽃을 내려다봤을까. 다름 아닌 꽃다발 속 꽃은 매일 민혁이가 나에게 선물해 주었던 물망초 꽃이었다.

나에게 망애증후군이 생기고 난 뒤, 자신을 잊지 말라는 의미로 사주었던 물망초 꽃. 포장지에 담겨진 물망초는 붉게 물들어 버렸지만, 본연에 파란빛은 전혀 사라지지 않은 채 남아 있었다. 꽃을 바라만 보며 눈물을 흘렸을까, 포장지 끝에 글씨가 써져있는 작은 스티커를 발견하였다.

'나를 잊지 말아요'

물망초의 꽃말이었다. 이것이 너의 진심이었구나. 내가 널 잊지 않기만을 바라고 있었구나. 그의 마지막 진심이 담긴 꽃다발을 품속에 가득 안은 채 하염없이 울었다. 더 이상 꽃 따위 피어나지 않은 채 가을이 오는 것일까. 우리의 꽃은 더 이상 피어날 생각이 없어 보였다. 해가 지고 나서야 피어버린 우리라는 꽃. 그 꽃의 이름은,

물망초였다.

망애증후군(忘愛症候群)

무언가를 계기로 가장 사랑하는 이를 잊어버리는 병.
이 병의 특징은 사랑했던 상대를 거절해버리는 것.
몇 번이고 기억을 떠올린다 해도 시간이 지나면 잊어버린다.

치료하는 방법은 단 하나,
사랑하는 이의 죽음뿐이다.

-작가의 말

'망애증후군' 처음에는 다소 어려운 주제라 생각하고 쉽사리 도전하지 못했습니다. 쉽게 다루기에는 복잡한 주제로 다가왔기에 두렵다는 생각 하나로 감히 덤비지 못했었죠.

그러나 이제 더 이상 어렵다는 이유만으로 피하고 싶진 않았기에 열심히 계획하여 이 글을 쓰게 되었습니다. 가을쯤에 첫 계획을 시작하여 쓰기 시작했었는데, 다 쓰고 정신을 차려보니 어느새 봄이 다가오고 있네요. 제가 곁들인 시간 만큼의 명작이 나오지는 못했지만, 끝까지 읽어주셔서 감사하다는 말씀 꼭 전하고 싶습니다.

글을 쓰는 내내, 넓은 세상 속에서 자신이 사랑하는 사람을 잊는다는 증상이 너무 마음 아프다는 생각을 했었어요. 현대사회 속에서 현생에 치여 살다 보니 자신이 사랑하던 이를 잠시나마 까맣게 잊어버리는 사람들의 모습이 떠오르기도 했죠.

모든 사람은 나이를 먹어가며 새로운 기억을 갖거나 기존에 가지고 있던 기억을 잊어버리기 마련입니다. 무언가를 잊거나 기억한다는 건 자연스러운 것이니까요. 그러나 바쁜 일상에 치이고 치이며 나도 모르는 새에 가장 사랑하는 사람, 내가 사랑했던 가족, 연인 등을 잊어버리고는 합니다.

이 글을 읽으신 당신도 혹시 자신의 현생을 사느라 사랑하는 이를 잠시 잊어버리지는 않으셨나요? 서연이처럼 후회하지 않게 오늘 잠시라도 내가 사랑하는 이를 떠올려보거나 사랑하는 이에게 마음을 전하는 것이 어떨까 하는 마음입니다.

생각해보니 글을 쓰며 계속 걱정했던 것이 하나 있었네요. 내용이 너무 어둡기만 한 것 같다는 생각이 종종 들었어요. 이 책을 읽는 사람마저 우울해지는 그런 이야기가 될까 봐 몇 번씩 고뇌하던 날이 머릿속을 스쳐 지나가네요. 민혁이 죽지 않는 이상 평생 민혁을 기억할 수 없는 서연. 그런 설정이 내용을 더욱 어둡게 끌고 갔다고 생각해요. 최대한 덜 어둡게 쓰고 싶었지만...

'남주가 죽어야만 남주를 기억할 수 있는 여주'
아무리 생각해봐도 해피엔딩이 떠오르지 않더군요. 그래서 중간에 여주가 잠시 잊시적으로 현재의 기억을 잊지 않는 설정을 부여했어요. 망애증후군이라는 소재에 대해 열심히 조사 해보았지만 제가 원하는 답은 찾기가 어려워서 증후군에 대해 제 뜻대로 해석하여 나온 글입니다.

말이 길어지고 있으니 저는 이만 물러나 보겠습니다.

당신의 머릿속에 이 책 또한
새로운 기억으로 피어나기를 바라며 이야기를 마칩니다.